铁路货车
涂装色彩的符号语义

The Semiotics of Coating Colour in
Railway Wagon

徐伯初 何思俊 著

西南交通大学出版社

图书在版编目（CIP）数据

铁路货车涂装色彩的符号语义 / 徐伯初，何思俊著.
—成都：西南交通大学出版社，2017.6
ISBN 978-7-5643-5520-3

Ⅰ.①铁… Ⅱ.①徐… ②何… Ⅲ.①铁路车辆–货
车–涂装工艺–符号学–研究–中国 Ⅳ.①U272

中国版本图书馆 CIP 数据核字（2017）第 143257 号

Tielu Huoche Tuzhuang Secai de Fuhao Yuyi
铁路货车涂装色彩的符号语义

徐伯初　何思俊　著

责 任 编 辑	孟秀芝
特 邀 编 辑	褚媛媛
封 面 设 计	何思俊
	西南交通大学出版社
出 版 发 行	（四川省成都市二环路北一段 111 号 西南交通大学创新大厦 21 楼）
发 行 部 电 话	028-87600564　028-87600533
邮 政 编 码	610031
网　　　　址	http://www.xnjdcbs.com
印　　　　刷	四川玖艺呈现印刷有限公司
成 品 尺 寸	170 mm × 240 mm
印　　　　张	9.25
字　　　　数	130 千
版　　　　次	2017 年 6 月第 1 版
印　　　　次	2017 年 6 月第 1 次
书　　　　号	ISBN 978-7-5643-5520-3
定　　　　价	58.00 元

图书如有印装质量问题　本社负责退换
版权所有　盗版必究　举报电话：028-87600562

随着国家"一带一路"战略的落实，中国铁路走出国门，连接世界的国际物流大通道格局逐步形成。"一带一路"为中国铁路货运指明了发展道路，为正处于严冬期的中国铁路货运市场带来了信心和希望。

铁路货车是铁路货物运输的重要装备。我国的铁路货车制造技术不断进步，已完成了载重从 60 t 级向 70 t 级的全面升级换代，并形成了铁路货车快捷、重载、专用化的发展新方向。铁路货车的色彩涂装作为铁路货车外观的重要组成部分，与人的操作和视觉产生直接的交互关系。优秀的涂装色彩不仅能便于操作人员准确的识别和使用，提升车辆的安全性，还能带给观者难忘的审美经验。然而目前，我国铁路货车的外部涂装仍显得乏善可陈。虽然车辆的制造技术已迎头赶上国外发达国家，但涂装设计还存在较大差距，铁路货车给人以陈旧、冰冷的视觉印象，难以符合"一带一路"战略下中国铁路货运改革的新角色、新面貌。

本书从符号学的角度出发，将铁路货车色彩视作一种符号，阐述了涂装色彩符号的表象层面和内涵层面，理清了涂装色彩符号的传达过程。作者通过对我国铁路货车的涂装规则进行归纳和梳理，对不同年代不同车型的涂装色彩进行比较，分析了其发展演变规律并总结出目前我国铁路货车涂装存在的问题。本书从功能性、环境性、审美性和文化性四个方面阐释了铁路货车涂装的设计要素；通过对部分国外优秀铁路货车涂装设计的分析，运用语义学的实验方法，筛选出我国铁路货车传达的核心语义，并将其与涂装中的常用色进行配对，建立了铁路货车"色彩－语义匹配空间"，为铁路货车涂装设计的选择提供了可执行的理论依据。本书在结尾尝试用了一些设计案例对研究和实验进行佐证，希望对后续铁路货车涂装设计的研究以及设计实践提供有益参考。

何思俊

2017 年 1 月

本书的出版获得四川省软科学研究计划项目"四川省新型城市轨道车辆工业设计技术及设计产业发展研究（2017ZR0165）"的资助。

目 录

第一章 绪 论

第一节 世界铁路货车概览

铁路货车（Railway Freight Car 或 Railway Wagon）是指供运输货物和为此服务的或原则上编组在货物列车中使用的车辆，按用途的不同可分为通用铁路货车、专用铁路货车和特种铁路货车三类，其中完成铁路货物运输任务的主要是前两类。铁路货车是铁路货运的主要装备，是保障铁路货运的基础。铁路运输是非常高效的运输方式，成本低廉，运量不受车辆容积的限制，可以在恶劣的天气环境下开行，加之车辆的种类多，运送的货物品种涵盖了人们需求的方方面面，其作用是其他运输方式无法取代的。我国的铁路货车由国家交通运输部直接管理，各铁路局车辆处逐级负责。中华人民共和国成立以来，我国铁路货运成就辉煌，货物发送量增长了 58 倍，用占世界铁路 6% 的营业里程完成了世界铁路 1/4 的货运周转量、发送量。铁路运输密度占世界第一，铁路货运为我国经济发展提供了强大的运力支撑。铁路货车既要满足大宗和时效物资的运输需求，又要完成传递国家形象、表达时代特征的符号任务。

2010 年以来，世界铁路货车市场需求增长迅猛，铁路货车在轨道车辆中所占的比例为 25%。与发达国家相比，我国铁路货车在车种和设计方面还存在差距。我国在铁路货运车辆方面的研究重点以整机技术、转向架技术、制动技术、连接缓冲技术等机械工程及制造技术的研究为主，而对铁路货车涂装设计的研究十分匮乏。涂装设计是工程机械产品的表面制造工艺中的一个重要环节。产品外观质量不仅反映了产品的防护、装饰性能，而且是构成产品价值的重要因素。铁路货车涂装色彩作为车辆外观的组成部分，虽然不像车辆制造技术那样直接影响其功用，但它与货车的使用性、安全性和美观性关系密切。好的涂装设计不仅能满足调车员和检修员操作识别的需求，还应该兼顾环境性、流行性、象征性等美学需求，对涂装色彩的改进是提升产品附加值的重要途径。

目前世界上铁路货车技术发展较为成熟的国家有美国、加拿大、澳大利亚、德国、日本等，其中德国铁路股份有限公司（Deutsche Bahn AG，简称 DB），加拿大国家铁路（Canadian National Railway，简称 CN），日本货物铁路股份有限公司（Japan Freight Railway Company，简称 JRF）的铁路货车涂装色彩都给人留下了非常深刻的印象。如 DB 的货物列车（图1-1），无论何种车型都统一使用 DB 企业标志中的红色作为主色，配合白色的文字，底架用灰色或黑色涂打，非常统一，企业和国家形象突出。日本 JRF 货物的铁路列车则有一套自己的涂装用色原则，其货物列车以浅色调低饱和度色彩为主，配合统一的 JRF 标志，突出朴质、崇尚简洁的民族个性。而相比之下，我国的铁路货车涂装则显得十分单一，除了按照国标涂打的车辆标记、车种车型、车号编码，在车体颜色的运用、零部件色彩对操作的影响、国家形象和企业品牌的表达等方面都乏善可陈。

图 1-1 德国铁路公司的货运棚车

一、世界铁路货车

世界市场对铁路货物物资运输需求的增加致使铁路货车运输产品的需求也不断扩大。铁路货车中，敞车所占的比例最大，约为 40%，其次则是棚车、罐车及平车。美国是世界上铁路货车拥有量最多的国家，其次则是俄罗斯和中国，这三个国家的铁路货车拥有量和年产量就占到了世界的60%。亚洲和北美是铁路货车的主要市场，中国则是亚洲国家中铁路货车发展最快、需求最大的地区，目前的货车拥有量已占到亚洲的65%左右，而每年的铁路货车产量则占到世界的20%，其中，中国中车集团占到10%左右。

世界铁路货车产量靠前的生产商有美国的Trinity Industrial、Freight Car America、The Greenbrier Companies，中国的中国中车集团，俄罗斯的乌拉尔车辆厂（UralVagonZavod）、阿尔泰车辆制造厂（Altaivagon），乌克兰的克留科夫车辆制造厂（kryukovsky），加拿大的National Steel Car，印度的蒂达格尔货车有限公司（Titagarh Wagons Limited ）等。生产厂家负责生产和销售货车产品供应世界各地的市场需求，而货车涂装大多由各铁路货车拥有和运营方决定。铁路货车的拥有方中，由国家直接或间接控制的铁路称作国铁，完全私有化的铁路则称作私铁。国铁拥有的铁路货车最多，占到了世界铁路货车的53.7%，私铁占到22.89%，其余则是企业自备或租赁车辆。

开行较好、在各地区起支柱作用的铁路货运公司有美国中西部的联合太平洋公司（Union Pacific Company，简称UP）和伯灵顿北方圣太菲铁路公司（Burlington Northern Santa Fe，简称BNSF），东部的切西滨海铁路公司（CSX Transportation，简称CSX）和诺福克南方公司（Norfolk Southern Railway，简称NS），这四家铁路公司在美国7家"I级铁路（年营业额大于2.5亿美元）公司"中占支配地位。另外，还有加拿大太平洋铁路（Canadian Pacific Railway，简称CPR）、加拿大国家铁路公司（Canadian National Railway，简称CN）、法国国家铁路公司（Société nationale des chemins de fer francais，简称SNCF）、德铁信可铁路公司（DB Schenker Rail，简称DB）、印度铁路公司（Indian Railways，简称IR）、中国铁路总公司（China Railway Corporation）、俄罗斯铁路公司（Rossiyskie zheleznye dorogi，简称RZhD）等。每个铁路公司开行的铁路货车都有自己的涂装特色，铁路货车在城郊和自然中穿行而过，或色彩突出，或与背景融为一体，有的以国家色彩为主体，有的与大地景观相得益彰，对传递企业形象、彰显民族个性、增强国人凝聚力起到不小的作用。铁路货车的色彩涂装不仅有产品的工具性、实用性的需求、还有可感受性，虚拟性和精神内涵的符号功能。

世界主要地区铁路货运公司，如表 1-1 所示。

表 1-1 世界主要地区铁路货运公司

国家	铁路货运公司	
美国	BNSF RAILWAY	伯灵顿北方圣太菲铁路公司（BNSF）
	CSX CORPORATION	切西滨海铁路公司（CSX）
	NS NORFOLK SOUTHERN	诺福克南方公司（NS）
	UNION PACIFIC	联合太平洋铁路公司（UP）
	GRAND TRUNK RAILWAY SYSTEM	大干线铁路公司（GTC）
	KANSAS CITY SOUTHERN Lines	堪萨斯城南方铁路公司（KCS）
	SOO LINE	苏线铁路公司（SOO）
加拿大	CN	加拿大国家铁路公司（CN）
	CP	加拿大太平洋铁路（CPR）
墨西哥	Ferromex	墨西哥铁路（FXE）
	KANSAS CITY SOUTHERN Lines	墨西哥堪萨斯城南方公司（KCSM）
英国	DB	英格兰威尔士&苏格兰铁路公司（EWS）
	Freightliner	福莱纳集团（Freightliner）

	德国	DB SCHENKER	德铁信可铁路公司（DB）
	法国	SNCF	法国国家铁路公司（SNCF）
	意大利	FERROVIE DELLO STATO ITALIANE	意大利国家铁路公司（FS）
	西班牙	renfe	西班牙国家铁路公司（RENFE）
	俄罗斯	РЖД	俄罗斯铁路公司（RZhD）
	乌克兰	УЗ	乌克兰铁路公司（UZ）
	中国		中国铁路总公司（CR）
	印度	INDIAN RAILWAYS	印度铁路公司（IR）
	日本	JR	日本货物铁路(JRF)
	韩国	KORAIL	韩国铁道公社（KNR）
	南非	TRANSNET	Transnet Freight Rail（TFR）
	澳大利亚		昆士兰州铁路货运公司（QR）

现时在全球236个国家和地区之中，设有铁路运输服务的有144个之多。庞大的铁路运输网络是交通运输必不可少的组成部分，拥有无法取代的地位。就算在航空业最为发达的美国，它仍然有着世界最多的铁路货车和最大的铁路货运网络。世界铁路货车行业既存在着巨大的市场潜力也面临着各生产商间激烈的竞争，中国有着世界第一的铁路运输网络规模，也是亚洲最大的铁路货车市场。通过涂装设计提升中国货车的市场竞争实力十分必要。

二、中国铁路货车

改革开放以前，我国铁路货车无论是技术上还是数量上都非常落后，数量有限的铁路货车若要满足中国大陆广袤大地的运力需求，首先强调货车的通用性是铁路当局不得不采取的办法，因货物种类比较单一，以大宗散装货物为主，通用货车能适应当时的市场需求。其次货车制造技术落后，没有实力来发展专用货车。故此，我国铁路货车采用的涂装也比较简单，有明确要求规范的内容有铁路货车的车型、车号编码和车辆标记，对危险品车车体有色彩规定，但基本目的是为了方便组织运输，作为一种权属识别，对车辆制造、检修、报废的使用管理。这种涂装方式基本延续至今，未有大的改观。

近几十年来，我国的铁路货运无论是组织开行方式还是货车、货品的数量和种类，都发生了翻天覆地的变化。我国的铁路货车的涂装应该配合货车技术的发展和市场变化形成独特的演变规律。

我国铁路货车的发展经过了两个主要阶段和三次大的提升换代，如图1-2所示。

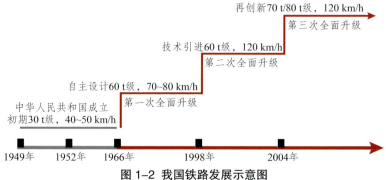

图1-2 我国铁路发展示意图

第一个阶段是从 1949 年到 1998 年的仿制研发阶段。这一阶段我国铁路货车技术发展比较缓慢，载重从 30 t 级发展到 60 t 级，设计速度达到了 100 km/h，商业运行速度达到了 70~80 km/h。货车涂装主要以车号管理为主，车体色彩铁红较多，黑色其次，以单色为主。

第二个阶段是从 1998 年至今的技术引进、自主创新的阶段。这一阶段我国铁路货车的制造材料、制动和车钩缓冲技术都得到了新的发展，通用铁路货车完成了载重 60 t 级到 70 t 级的全面升级，专用铁路货车载重达到了 80 t~100 t 级，商业运行速度提高到 120 km/h。涂装方面出现了一些功能色彩，如部分 G_{70K} 型轻油罐车用到的红色警示色带和 GLB 型沥青罐车的黄色警示色带，C_{80} 系列敞车将车体主要部分和调车员操作部分做了色块的区分。

该阶段我国铁路运输客货混跑、运力紧张，铁路货车既要考虑提速，又要兼顾载重。为确保铁路运输安全，满足市场需求、提高运输效率和促使铁路货车技术进步，我国的铁货运输逐渐形成了快捷化、重载化和专用化的发展方向（图 1-3），快速、重载、专用是国外铁路货运开行较好国家的普遍经验。三个方向相辅相成，只实现速度提升或只实现货物专运都不足以提升铁路货运的运输效率。

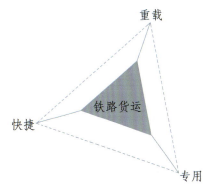

图 1-3 铁路货车发展方向

货运快捷化主要有"快速"和"便捷"两方面的含义。"快速"本质上就是时间的缩短，提高铁路货车的速度，协调运输环节（减少停靠）；"便捷"主要是方便的服务体系、个性化的服务需求，如"门对门"的快捷运输。我国铁路快捷运输的对象主要是高附加值货物、行包货物、直达大宗货物三类。目前我国货物班列的平均开行速度只有 34 km/h，大多车辆的构造速度只有 90 km/h，个别设计时速 120 km/h。而国外的很多集装箱快速列车运行速度都稳定在 120~160 km/h，法国的 TGV 邮政电动车组的开行速度可达 270 km/h 以上。金色的车体在法国乡间呼啸而过分外惹眼，"邮政（LA POSTE）"的标志占到了整个车体的 1/2，在高速运行时仍清晰可见（图 1-4）。

图 1-4 法国 TGV 邮政专列

货运重载化是国际公认的铁路货运发展方向，国际重载运输协会（International Heavy Haul Association，简称 IHHA）对重载铁路的定义为：列车牵引重量至少达到 8000 t，轴重为 27 t 以上，在至少 150 km 线路区段上年运量超过 4000 万吨。满足以上条件其二则属于重载铁路。重载铁路以运输大宗散装货物为主，目前世界上有美国、加拿大、澳大利亚、巴西、俄罗斯、南非等十余个国家开行重载运输，单列牵引大多在 1~3 万 t，在站线长度一定的条件下想要进一步提高运输能力，提高车速的同时提高单车载重量是必经之路。我国大秦线在 2014 年 4 月已完成单列 3.15 万 t 的重载实验，运行里程达 738.4 千米，由 4 台机车牵引，总编组 320 辆，总长 3971 米，开行时蔚为壮观，我国是世界上少数掌握 3 万 t 铁路重载技术的国家之一。重载铁路是国家经济繁荣、铁路技术领先的标志，优秀的色彩涂装不仅应使重载列车成为货运干线上的一条景观巨龙，还应合理传达国家形象，激发民族热情或表达企业形象。

货车专用化是指专车专运，一种车型只运送单一货品。我国的专用货车主要包括专用运煤敞车、粮食车、水泥车、各类罐车等。改革开放以来铁路货车车体技术有了极大提升，完成了从钢木结构向全钢结构的过渡，货车的产能也日益增加，但是货车品种还比较单一，敞、棚、平、罐等通用货车占到货车总数的90%左右。造成这种情况的原因主要是中华人民共和国成立初期以工业发展为主导的经济结构使大宗货物运输占据了铁路运输量的60%~70%，彼时对专用车的需求较少。但目前随着运载货品的多元化，加快专用车型的研发和生产是提高特定货品运输效率的必然途径，我国近十年来的专用车生产总数已超过过去50年之总和，铁路货车家族品种也在逐渐完善。在涂装设计上，专用货车一般有特定的符号需求，如警示、危险等符号。这就要求在涂装设计时应充分考虑各车型色彩的特征。

我国铁路货车发展的60年来，实现了重载、提速两大跨越。但我国铁路货车的涂装半个世纪来未曾有大的改观，基本和中华人民共和国成立初期一致，涂装的功能性得不到体现，识别性、体系性差，社会意义和美学意义更是无从说起。除了黑色、铁红，国人可能想不起我国的铁路货车还有什么别的色彩。特别是专用货车需求量激增的今天，货车生产厂家依然使用同一套标准来应付不同车型、不同货品、不同线路的车辆外观，长期以来传递给人们的信息就是"老旧"和"脏乱"。在这样的背景下，我国铁路货车涂装的再设计显得十分必要，好的涂装不仅易于区分货物的性质和方便调车员操作，更能提升铁路运营部门和国家的形象，提升中国铁路货车在国际市场上的竞争力，在延绵千里的铁道线上形成特有的艺术景观，给人以美的享受。

第二节 从符号学角度看中国铁路货车涂装设计之路

铁路货车是我国最为主要的交通运输工具之一，是一个不断运动的产品，它不是原地不动等着人们去亲近它，而是时而轻快、时而轰动地穿梭于我们的视野中。它不但安全稳固，能满载而行，还需要形态美观、用色得当，它是一个工具，更是一面旗帜。铁路运输作为国民经济的支柱产业，有重要的经济意义和战略意义，它的美学设计应有明显的归属性、标志性和象征性。铁路货车的涂装设计不是单纯的装饰艺术和平面展示研究，虽然它保有这两个部分的一些特点。但更具影响因素的是铁路货车作为轨道交通产品所兼具的实用性和工具性。它不仅是一个有使用价值的产品，还是在大自然中运动的产品，这就足以说明其与普通产品色彩研究的不同。

人类接受外部世界信息的器官，就是耳、目、鼻、舌、身五官，《孟子·尽心下》中载："口之于味也，目之于色也，耳之于声也，鼻之于臭也，四肢之于安佚也，性也"。五官中接受信息能力最强、把握信息最准确的还是视觉器官，常言道"百闻不如一见"，视觉摄取的信息质量与数量远在其他四官之上，人类获取信息的 70%~80% 都依赖于视觉。这种对人类直观重要的视觉功能，从本质上讲其实就是色彩现象，在光这一特殊物质的驱动下，印入眼帘的所有物件都有色彩。设计作为人类的"造物"活动，其产品主要以视觉形式呈现在人们面前，传达它的实用功能和象征功能。所以，即使不是以二维传达为目的的设计活动，也始终离不开视觉现象来实施，这就无法摆脱色彩与产品的紧密关系。"以人为本"是设计的基本理念，它承载着将创造物从冰冷的工具拉回到人性温情世界中来的重要作用，色彩则承载着人们偏好于诉求种种信文所需求的情感力量，这就是色彩的符号性。

产品不仅是现实功能之物，还是满足从物质到精神文化等多种诉求的载体，是与人、物、环境、意义的互动之物。工业产品从一开始的创造和使用就不可避免地融入了各种观念和偏好，被人们用以实现特定的信息交流和情感传达，具有精神性、目的性、未来性和创造性等符号特征。对铁路货车涂装色彩的设计研究实际上也是在探索其符号形式与意义联系的法则或规律，并利用这些规律进行符号创造的过程，所以，若我们研究铁路货车的涂装色彩，就要研究其涂装传达的符号意义。我国学者赵毅衡在其著作《符号学》中说："没有无意义的符号，符号必有意义。"产品能用，能生产，甚至是易用，都只是设计的初级目的，我们更应该考虑的是设计对社会传达了怎样的信息。

符号学（Semiotics 或 Semiology）是研究符号和符号使用行为的一门学科，具体研究事物的本质、意义、发展变化规律和人类活动之间的各种关系。色彩因能被人们以不同的方式解读而具备了符号特征，色彩既是视觉符号也是文化符号，它的使用反映了使用主体——铁路货车，所要展现的精神和情感，折射出地域性、民族性、文化性、历史性等特定的社会内容。"色先于形"，造型决定了产品的功能基础，而色彩则在影响人的体验感上起关键作用，铁路货车的外观造型被方方面面的机械制造技术和标准所限制，它对功能的崇拜让我们很难像汽车设计那样通过造型传达品牌、运动、商务等形象概念，但我们可以依赖铁路货车的涂装设计，合理配色，运用色彩和图形符号让人们产生情感联系，达到使车辆更安全、更具动感和体量感等造型上暂时无能为力的设计目的。

因此，我们从铁路货车涂装的符号角度出发，将符号学的基本理论融入到轨道交通工具的相关设计中。在铁路货车涂装的行业设计标准、功能需求、设计限制的要求外着重探讨涂装色彩的内涵意义。以人对色彩图形的情感化解读为基础，运用符号学和色彩学相关理论知识建立铁路货车涂装与欲传达信息相符合的方法，探讨如何通过车辆色彩和图形的选择来突出其功能性、环境性、审美性和品牌形象等特征。

涂装设计是相对于外部造型优化而言费效比更低且行之有效的设计手段，通过对铁路货车的外形或结构改造来提升车辆的运营质量有较多的技术限制和难点，并需投入大量的人力物力，研发周期也长。然而通过色彩的科学运用，利用涂装设计的手段提升车辆的安全、操作、美观等整体品质是非常高效且经济的方式。

铁路货车涂装设计是车辆外观设计的重要内容，与人的视觉产生直接的交互，而目前我国铁路货车的涂装色彩设计普遍存在用色单一、标识不完善、功能性弱、表达无序、环境性差、配色方法缺乏依据等问题。为此，我们运用符号学设计理论及方法展开对轨道交通工具设计研究中的探索性尝试，构建铁路货车涂装色彩符号语义空间。首先对铁路货车涂装设计规则进行梳理，从设计学的角度按照文字、图形和色彩的元素理清不同车种的涂装规定和要求，分析国产铁路货车60余年来的色彩变迁规律，从符号学的角度提出铁路货车涂装色彩的设计要素；其次用符号学分野中的语义设计方法构建铁路货车涂装色彩设计的流程，建立适用于我国铁路货车的色彩－语义空间。具体主要从以下方面作为切入点，对铁路货车涂装科学及合理的设计展开研究。

（1）提升铁路货车安全性和功能性是本研究的首要目的，通过科学运用色彩提高车辆的识别度与附件操作的准确度，从而提高整车的功能性。

（2）研究铁路货车的符号特性，结合符号学相关理论，分析列车色彩的能指和所指为何，其外延意义和内涵意义是如何构建与表达的，以及铁路货车色彩信息的传播过程。从符号的角度为涂装色彩能被人们准确解读提供理论依据。

（3）对比国内外车辆的用色现状，归纳国产铁路货车涂装存在的问题，提出涂装用色改进的可行性，从功能、环境、文化及审美方面总结出适用于我国铁路货车涂装设计的设计要素。

（4）形成符号分析、符号解读、符号重构的一般设计手法，使铁路货车涂装设计有据可依、有章可循。结合色彩学、设计心理学、语义差异法等实际理论和设计手段构建适合铁路货车的涂装配色空间，为提升铁路货车整体形象与价值提供有益参考。

第二章 铁路货车涂装中的符号学

内容概要

"铁路货车涂装中的符号学"这一章主要阐释铁路货车色彩符号的相关概念及理论背景，并运用符号学的分析方法解释涂装符号的传达过程及其表征与内涵的二元结构。主要知识点为：

（1）阐述符号学的基本概念，什么是符号、符号学何用；介绍索绪尔、皮尔斯和卡西尔三个主要学派对符号构成及作用的解释，可作为铁路货车涂装色彩的符号学研究的参考理论。

（2）介绍工业设计中符号学运用的现状及相关理论，企业工业设计中产品的能指与所指、内涵与外延、设计符号的"媒介""指涉对象""解释"几对基本概念。

（3）归纳适用于铁路货车涂装中的色彩表述模型及方法，阐释色彩的共感、联想、象征三位心理特性、色彩的符号性质以及色彩有实用功能和审美功能双重特性。

（4）阐述铁路货车涂装色彩符号的传达过程，指出影响传达效果的重点是对传达规则的控制，并解释涂装色彩作为符号的能指和所指为何。

第一节 符号及符号学理论

人的精神，人的社会，整个人类世界，浸泡在一种很少有人感觉到其存在却没有一刻能摆脱的东西里，这种东西叫"符号"（Signs）。研究符号及符号使用行为的学科叫符号学（Semiotics 或 Semiology）。

一、符号

符号没有一个准确的定义，一是因为其涉及的范围太广，如艺术、语言、象征、意义、规则等，若要定义，太多太复杂，以至于很难在市面上找到一本不显得晦涩难懂的符号学理论书籍。二则是因为它的"众所周知"，觉得没必要定义，就像设计学没必要定义"设计"，生命学科没必要定义"生命"。谈到"符号"仿佛大家都知道是什么，但要说出来却有口难言。21世纪是信息爆炸的时代，人们在日常生活中面对大量不同的信息要去识别、理解和做出相应判断。例如驾车时根据路标、信号灯和标志性建筑确定方向；选购商品时根据它的材质、造型和色彩挑选适用和喜欢的产品；和陌生人交往时，我们常常从衣着服装判断他们的职业甚至社会地位；再者，一座城市的文化底蕴和生活方式，一处景观的环境氛围和色彩基调，乃至一个民族的宗教信仰和精神象征，我们都能从无言的形式中捕捉到这些信息，而这些信息的载体就是符号，它是人与世界沟通的媒介。

所以我们对符号的理解是："符号是意义的携带者，意义必须用符号才能表达，符号的用途是表达意义。没有不表达意义的符号，也没有意义可以不通过符号表达。"符号和意义是相互锁合的关系。

人类社会中，每一种实用物，或有实用目的的行为，都可能带上符号意义；反过来，每一种供使用的物件，也可以变成符号的载体，如此，符号根据其载体的不同可以有三种：第一种是自然事物，它们原本没有携带意义，如雷电、暴风、巨石等，当它们落在进入人类的意识中，便被人们符号化，就变得有意义了，如雷电传达了上天的愤怒，暴风预示着骤雨降临。第二种是人造物，人造物本身的目的是使用，是不携带意义的，但当它们被人们理解为有意义时，则有可能成为符号，例如看到精美的碗筷会让人想到美食，从而引发食欲。第三种则是人工创造的纯符号，它们完全是为了表达意义而制造出来的实物，如语言、文字、艺术、图案、旗子等，它们不需要接受者加以符号化，因为其本身就是作为意义的载体而被制造出来的，它们的意义可以是实用的，如表达警示、撤退、前进等信号，也可以是没有实用价值的，即艺术的、美观的（图2-1）。

图 2-1 人工创造的符号（左，甲骨文；右，交通符号）

二、符号学的相关理论

从符号的理解出发，我们可以概括符号学是一门研究意义活动的学说。符号就是意义，无符号即无意义，所以符号学即意义学。"符号学"这个中文词，是赵元任（1892—1982）在 1926 年刊登于上海《科学》杂志的一篇题为"符号学大纲"的长文中提出来的，在这篇文章他指出："符号这个东西很老的了，但拿符号当一种题目来研究它的种种性质跟用法原则，这事情还没有人做过。"他是当时符号学的独立提出者，并指出与其符号学概念相近的英文词可以为 Symbolics 或 Symbology。

现代符号学在其发展的过程中经历过几种模式，其一是由语言学派派生而来的语言符号学（Semiology），其二是代表实用主义的逻辑符号学（Semiotics），其三是文化符号论（Semiotics）。今日的符号学仍有这几种模式留下的印记，但原典文献有其局限性，研习时不可当作金科玉律。

第一种模式是瑞士的语言学家费尔迪南·德·索绪尔（Ferdinand de Saussure, 1857—1913）从结构语言学的角度提出的构建独立的符号学思想，根据他的学生整理历年听课笔记出版的《普通语言学教程》中指出 "语言是一种表达观念的符号系统"，并认为每种符号都由两个部分组成：一是能指（也作意符，Signifier）即物体呈现出的符号形式，二是所指（也作意指，

15

Signified）即物体潜藏在符号背后的意义（图2-2）。我国港台地区将符号的能指与所指译作符号具（表达符号的媒介工具）和符号义（符号表达的意义），这种翻译则更为直观。

图2-2 索绪尔的符号构成

能指和所指之间的关系是任意武断的（Arbitrary），即以集体习惯约定俗成的规则，譬如中国大陆称马铃薯为土豆，而中国台湾则称花生为土豆。符号的能指和所指这一对范畴构成了现在符号学研究的基本概念。

符号学的第二个模式则是建立在美国实用主义哲学家查尔斯·桑德斯·皮尔斯（Charles Sanders Peirce，1839—1914）的逻辑学研究基础上，皮尔斯将符号分作三类，分别是图像符号（Icom）、指示符号（Index）、象征符号（Symbol）（表2-1）。

表2-1 皮尔斯的三种符号区别

皮尔斯逻辑符号学	图像符号	指示符号	象征符号
表达方法	相似	因果关系	传统/约定俗成
例子	图画/肖像	烟火/徽章	文字/旗语
过程	可以目击	可以想象	必须学习

这种分类促使符号学向非语言的形式扩展，更重要的是，皮尔斯提出了符号的一系列三分式，使符号向无限衍义开放：媒介（Medium），用于表征对象的物质；指涉对象（Object），符号表征的事物；解释（Interpretant），人为理解并传达的意义。皮尔斯建立了符号构建的三种方式：一是正向产生符号，通过媒介选择来指称一定对象，由对象获得某种解释，如红色表现火，用火来说明危险，则得到"红色＝危险"的解释；二是逆向产生符号，根据想要传达的意义选择适当的指涉对象，由指涉对象确定采用的符号媒介，如银行用钱币标识代表，象征金融业务；三是根据所要传达的主题选择适当的媒介及指涉对象，如绿色表示树叶和春天（图2-3）。

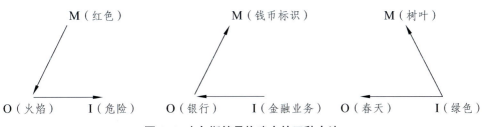

图 2-3 皮尔斯符号构建方的三种方法

这就是皮尔斯符号的三位一体特征，适用于普遍范畴的各种存在，如艺术、文学、设计等领域，故皮尔斯学派的符号理论也被称作"广义符号学"。

第三个模式是德国哲学家恩斯特·卡西尔（Ernst Cassirer，1874—1945）的文化符号理论。卡西尔在其著作《人论》中指出"符号化的思维和符号化的行为是人类生活中最富于代表性的特征，并且人类文化的全部发展都依赖于这些条件，这一点是无可争辩的。"符号现象可以涵盖人类的全部文化领域。

卡西尔认为艺术符号与语言符号有确凿的不同，艺术和语言这两种活动在特征上和目的上都是不一致的，二者都是表现但并不使用同样的手段，艺术是在激发美感形式媒介中的表现，大不同于语言的概念和表现。

除以上三种模式以外，苏俄符号学家巴赫金（Mihail Bakhtin，1895—1975）、美国符号美学家苏珊·朗格（Susanne K.Langer，1895—1982）、美国文伦家肯尼斯·伯克（Kenneth Burke，1897—1993）等都在符号学的方向做过研究，但其理论难以在其他学科中推演。符号学经过不断的发展，从最开始的语言学范畴逐步扩展到了各个领域，现在说普天下学问都是符号学的范围不是没有道理，因为任何事都被赋予了意义，"诗之比兴，书之政事"，符号学的理论适合所有人类文化课题，就如同数学公式一般，适合所有可量化的对象。

第二节 工业设计色彩符号

受到索绪尔、皮尔斯和莫里斯在符号学系统研究方面的启发，对符号学的研究受到了设计理论界的响应，如建筑、工业设计、平面设计等领域。在建筑领域，最早在 20 世纪 50 年代，美国建筑师罗伯特·文丘里（Robert Venturi，1925）等展开对建筑符号的探讨，研究把建筑元素看作语言的词语，并指出以建筑作为对象的符号学研究是有效的途径。在工业设计方面，形成产品符号学方向的主因是工业设计师和理论家通过多年的实践深感产品不可避免地含有意义，设计师应该研究产品是如何传达意义的，这有助于制造出易被人接受和理解的产品。1950 年德国乌尔姆设计学院提出设计记号论，开设 "符号运用研究"学科完成其理论构架，之后德国的郎诺赫夫妇和美国的克里本多夫明确提出了"产品符号学"。

一、产品中的符号学

工业产品不仅是实现功能之物，更是满足从物质到精神、文化等多种需求的载体，是人－物－环境－社会－文化等意义互动之物，因而是符号性的载体。借助产品载体的符号性可表达产生一些意义。

索绪尔提出在符号系统中符号的存在取决定于能指和所指的结合，产品符号亦是如此，其系统都包含一个表达层面和一个内容层面（图 2-4）。

产品的能指	表现形式	表现特征	感觉系统	产品的能指	表现形式	制约因素
形态	韵律	视觉		功能	宗教信仰	
色彩	特征	听觉		识别	地域特征	
结构	节奏	触觉		审美	民族个性	
材料	质感	动觉		文化	情感偏好	
其他	其他	其他		其他	其他	

图 2-4 产品的能指和所指

法国的符号学家罗兰·巴特（Roland Barthes，1915—1980）在索绪尔的基础上，提出符号有两个层次的含义，第一层是符号的外延意义（Denotation），也作明示义或明意，指符号与所指对象间的简单关系或字面关系，就产品而言，主要指物体的表象内容，与其表达的内容构成有关，例如，音响的喇叭，用于表示使用上的目的。这层意义是具象且首要的。第二层是符号的内涵意义（Connotation），也作暗示义或晦意，是言外之意，用于表示产品在使用中显示的文化内涵。产品的外延为第一序列是由一个能指和所指组成的符号，产品的内涵则是以外延符号为能指与其另外的所指组成的符号，以轻油罐车车体的易燃液体标志为例（图2-5）。

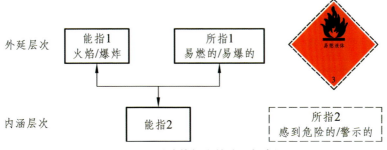

图2-5 易燃液体标志的外延与内涵

皮尔斯的符号三合一概念在工业设计中仍然被广泛接受，产品符号具有一般符号的基本性质，按照皮尔斯的划分模式在构成要素上也可以分作产品符号（媒介M），可以理解为一个物质形式或产品的外在表征，产生能使人们直接触摸、听到、可视的形象，通常由形态、色彩、结构、机理等组成。产品符号意义（指涉对象O），即人们对产品实体的理解内容，是人接受直接刺激后形成的心理概念，是经验的共鸣。产品符号的解释（解释I），则是多层次的，经过思考和学习理解的意义，这要求设计师与使用者对该产品有大致相同的认识，否则这种沟通是无效的。

人们对产品符号意义的研究促使其逐渐成为一门独立的学科：产品语义学（Product Semantics，或产品语意学）。这一概念始于1950年德国乌尔姆设计学院的"符号运用研究"，并在1984年美国克兰布鲁克艺术学院（Cranbrook Academy of Art）由美国工业设计师协会所举办的"产品语义学研讨会"中予以定义："产品语义学即研究人造物体在使用环境中的象征特性，并将其知识应用于工业设计上。这不仅指出了产品物理性、生理性的功能，而且也包含心理、社会、文化等被称为象征环境的方面。"

综上所述，我们需要统一的是，虽然符号学的相关译本和用语在国内十分混乱，其流派和分支也较多，但无论是索绪尔的"能指"和"所指"构成符号的思想，还是罗兰·巴特对符号外延和内涵的解释，又或是卡西尔认为符号都有一个可感知的形式和精神形式的理论，设计的符号都可用"表"和"里"这种二元结构来研究。

二、色彩的符号性

色彩的种种联想和象征意义让我们能把它看成是一种语言，它既有可感知的感性形式，又有心理语义。色彩具备了成为一种符号并用于传达信息的条件。我们将明度、色相、纯度这种可被视觉感知的表现形式看作是色彩的能指，将象征等能表达约定俗成的意义的形式看作是色彩的所指（表 2-2）。

表 2-2 色彩符号的能指与所指

色彩符号	能指	所指 1（外延）	所指 2（内涵）
形式	明度、色相、纯度	心理联想	社会象征
例子	绿色	和平、自由、新鲜	允许通行、检疫合格
联系	视觉感受	自然感性的	任意武断的

虽然色彩有丰富的心理语义，但往往缺乏严密的规则性，其原因在于文字符号的语义取决于符号系统本身，而色彩符号的语义几乎完全取决于所传达的外部世界的规律，即色彩符号对语境有很大的依存性。故此，我们要用色彩符号来传达科学的、通用的意义非常困难，而用它来传达艺术性的、感性的意义却非常合适。这说明，色彩符号既有前者的实用功能性质，又有后者的审美性质。

实用功能是说色彩有明确的功能指示性，或以色彩结合形态对功能进行暗示，用色彩制约或诱导使用行为，例如，用色彩的象征性给红、黄、绿赋义创造了停止、注意、通行的交通信号。

审美功能则是色彩作为视觉符号所体现的文化特征，它的选择和使用反映了人的精神和情感，折射出特定的社会内容，并有流行和时尚的一面。色彩符号是社会发展的趋势象征，代表一种走向，是一个社会一个时期内政治经济状况、人文环境、文化思潮的总体反映。

第三节 铁路货车中的色彩符号

色彩所具有的一些符号特性，既有能指的部分，又有所指的感性联想，其传达的语义基于颜色的三属性，但色彩的属性在不同的环境中是不断变化的，所以有无穷无尽的感性表现。但符号的能指是需要可以准确回忆和再现的，色彩所展现的不同语义还不能成为一种可使用的符号，只能说明它具有符号的一些性质。

符号是人类的创造物，只有让色彩的心理语义与人们期望它传达的信息相吻合，这些色彩才能真正地成为能指与所指统一的符号。这个吻合的过程即对色彩的编码过程。铁路货车的色彩涂装就是一种编码后的符号载体，它是设计后的色彩，其目的在于通过设计这一广义传达活动发挥色彩的传达作用。

一、涂装色彩的符号传达过程

如果说从能指到所指是一个两点一线的过程，那连接他们的桥梁就是符号的传达过程。美国学者哈罗德·拉斯韦尔（Harold Dwight Lasswell，1902—1977）认为：信息的传达可以明确地表示为五个环节，即"Who（谁）""Say What（说了什么）""In Which Channel（通过什么渠道）""To Whom（向谁说）""With What Effect（有什么效果）"的"5W"模式。设计是利用形、色、质三种符号要素构成产品这种载体以传达它所承载的文化价值这一广义的传达过程。它理所当然遵循信息的传达模式。在拉斯韦尔之后，克劳德·艾尔伍德·香农（Claude Elwood Shannon，1916—2001）和瓦伦·韦弗（Warren Weaver，1894—1987）根据"5W"理论描述了符号传播的基本过程模型（图2-6）。

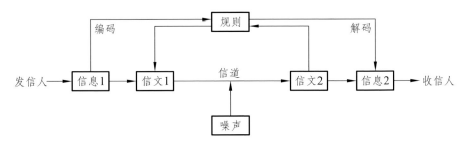

图 2-6 香农–韦弗的传播模型

铁路货车涂装的设计活动就是对单一色彩的编码解码，应用香农–韦弗的传达模型可以将涂装色彩符号的传达过程解释为：

（1）发信人：可以是设计师或制造企业，即涂装设计的主导者和实施者。

（2）信息1：我们将要传达的感情、意志、价值观念等一切抽象内容都广义地概括为信息。设计师或制造企业要通过色彩涂装传达的信息，如腐蚀、有毒、辐射或者企业形象、地域文化等看作"信息1"。

（3）信文1：由于信息是一种抽象的内容，不能直接被感知，所以发信人要实现对它的传达就必须借助某种媒介，即符号。利用符号将信息转换成能为收信人感知的信文。在涂装色彩传达的过程中，媒介就是色彩符号，设计师通过色彩之间的调和，控制色块的尺度和比例，转换成色彩涂装这一信文。

（4）编码和解码：编码即通过对色彩的组合运用形成铁路货车涂装的过程。解码即收信人理解涂装色彩的过程。

（5）规则：为了正确地解码发信人传递的信息，收信人和发信人在编码解码的过程中就必须遵循一套相互理解的规则。如发信人在制作信文时有必要充分考虑收信人的社会背景，避免使用禁忌符号，那么避免使用禁忌就是规则的一部分。涂装色彩编码中的规则主要指影响人们最终理解的设计因素，包括基本的行业法规、开行环境的色彩特点、对色彩的偏好与禁忌等。

（6）信道：信文要在收、发信人间实现传达，就必须有一个适合该符号传送的通道，称为信道。铁路货车涂装色彩传达的信道主要是人文社会环境。

（7）噪声：一切使信息不能准确被收信人解码的因素都是噪声，即便有严格、共同的规则收信人有时也难以准确还原出发信人想要传达的信息，如人们教育背景的不同，年龄的不同，导致对事物理解的差异，都可视作设计传达中的噪音。

（8）收信人：收信人即普通群众也包括一小部分铁路货车的使用者。

（9）信文2：收信人眼中的铁路货车涂装，因其使用环境的差异，如季节、地貌等因素，会呈现出微妙变化。

（10）信息2：收信人理解到的信息。

从铁路货车涂装色彩符号传达的过程中我们可以得出，优秀的涂装"信息1"和"信息2"要正确一致，其主要的影响因素在对规则的掌控上。铁路货车涂装的编码规则要根据多种设计影响因素建立，将在第四章中展开详细分析。

二、涂装色彩符号的能指和所指

在将铁路货车的涂装视作一个符号整体看待的时候，我们很难不去注意它的"能指"和"所指"分别是什么，因为设计符号都包含一个表达层面和一个内容层面。

在图2-1中，我们认为一般产品的能指包括形、色、质等表达层面的组成部分铁路货车产品中，外形和材质因受到功能需求的限制，虽然对货车涂装效果产生一定的影响，但并不是决定因素。铁路货车涂装色彩能指最重要的部分仍然是色彩本身。其中决定能指表达内容的主要有以下两点：

第一，色彩本身的属性：即色相、明度、纯度的值。人们对产品的第一位的感受就是通过色彩刺激大脑产生联想达成的。色彩的三属性是人们接受产品、理解信息的基础，阿恩汤姆在提到色彩时说："说到表情的作用，色彩却又胜过一筹，那落日的余晖以及地中海的碧蓝色彩所传达的表情，恐怕是任何确定的形状都望尘莫及的"。

铁路货车的用色应尽量符合大众的审美认知和车辆的自身特点，注意主从与重点，例如安全色的纯度应略高于其他颜色，便于识别，车辆底部的颜色比车辆上部的颜色明度更低，有助于显得稳重。

第二，用色的比例和尺度：比例是指不同色彩之间或色彩与整体之间的匀称关系。虽然对产品的好恶感来源于人的主观感受，但仍然有一些色彩图形的配置关系能让大多数人产生好感。我们可以通过控制整体或局部的色彩尺寸关系，达到令人愉悦的合理比例。常用的比例关系有黄金分割比例、整数比例、均方根比例等。尺度则是指色彩与人之间的比例关系，如铁路货车上的标记大小既要使人在一定距离内清晰辨认，又不能过大破坏整车涂装的美感。色彩的尺度必须要控制在人的习惯、需求和生理特点能适应的范围内。

铁路货车涂装色彩的所指则至少有三个层面的含义。

第一层是识别的层次，即这是何种铁路货车，装载什么货品。各种类的铁路货车一般都有主要的运载货品，这要求各类列车的色彩有独特的辨识度，粮食车的主色调与毒品车的主色调应有明显的区分，且易于识别出粮食和毒品的信息。这是涂装色彩最表层的含义。

第二层是使用的层次，即这辆铁路货车怎么用。具体来讲就是铁路货车的随车附件是否易于操作和被使用者认同。这个层次上主要是对功能性的信息传达，包括操作的指示性、暗示性以及某些细节的象征性。如对扶梯和脚蹬的色彩区分，对手制动机转盘方向的指示说明等。

第三层是文化的层次，这是最深层次意义，是设计师通过涂装设计活动传达的企业文化、历史意义、民族风俗等含义。它表现的是一种自然、历史、文化的记忆性脉络，其传达的效果根据受众的教育程度、文化背景和社会思考因人而异。

第三章 中国铁路货车的涂装色彩

内容概要

从我国现有铁路货车的基本类型和结构入手，概述了铁路货车涂装的相关行业准则及设计限制条件，分析主要车型的用色特点及趋势，对车辆涂装生产工艺和涂打、色彩现状等展开调研。主要内容如下：

（1）首先，阐述我国铁路货车的类型和基本结构，铁路货车的车体部分，除底架外都是主要的施色部位；制动装置中手制动机是主要的施色部分，车钩缓冲装置和车内设备可不做色彩处理。其次，总结各车种主要运载的货品及性质，一般可分为高附加值货物、一般货物和危险货物；货品性质不同，其车辆运用的色彩应有区别。

（2）整理归纳铁路货车涂装的一般规则和设计限制条件，分别从文字标记、图形标记和色彩标记介绍中国铁路货车涂装的组成部分，对运输危险品货物的铁路货车的涂装规定做重点说明。

（3）从明度、色相和纯度三方面分析中国主要车种车型的用色特点和趋势，归纳铁路货车中的常用色。从历史、技术、使用需求等角度分析铁路货车用色的现状。

（4）通过对铁路货车制造企业的调研，结合国内铁路货车的用色现状，总结出铁路货车涂装色彩的主要问题为用色单一混乱、功能色彩缺乏、审美性不足、环境性不足以及符号象征性弱。

第一节 铁路货车类型与基本结构

一、铁路货车的类型

铁路货车按用途可分为通用铁路货车、专用铁路货车和特种铁路货车。

通用铁路货车是指能装载多种货物的铁路货车，是棚车、敞车、平车的合称；专用铁路货车是指专供运输某些货物的铁路货车，主要包括罐车、漏斗车、保温车等；特种铁路货车是指供特种用途而设计的铁路货车，主要包括试验车、发电车、除雪车等。其中，用来完成铁路货物运输任务的主要是通用铁路货车和专用铁路货车（表3-1）。

表 3-1 铁路货车车种及用途

车辆种类		主要在役车型	装载货物品种
通用铁路货车	通用敞车	C_{64}、C_{64K}、C_{64A}、C_{70}、C_{70A}、C_{70B}、C_{70E}	煤炭、矿石、建材、钢材、木材等
	通用棚车	P_{64}、P_{64GK}、P_{65}、P_{70}、P_{70H}、PB	怕日晒、雨雪侵袭的贵重货物，箱装、袋装货物，散装谷粮、人员、马匹等
	通用平车	N_{17A}、N_{17T}	钢材、木材、军用装备、机械设备、大型混凝土桥梁等
	平车–集装箱共用车	NX_{17A}、NX_{17B}、NX_{17BK}、NX_{70}、NX_{70H}、NX_{70A}	国际标准和非标准集装箱、钢材、木材、军用装备、机械设备、大型混凝土桥梁等
专用铁路货车	专用敞车	C_{76A}、C_{76B}、C_{76C}、C_{80}、C_{80B}、C_{100}	煤炭、钢卷、矿石
	集装箱专用平车	X_{1K}、X_{2K}、X_{4K}、X_{6K}、X_{70}	国际标准集装箱
	小汽车双层运输车	SQ_3、SQ_4、SQ_{3K}、J_{5SQ}、SQ_5、SQ_6	微、小型汽车
	轻油罐车	G_{17DK}、G_{60K}、GQ_{70}	汽油、柴油、煤油等化工介质
	粘油罐车	G_{17K}、G_{17BK}、GN_{70}	原油、重柴油、润滑油等粘油介质
	酸碱罐车	G_{11K}、G_{11JK}、G_{11SK}、G_{FAK}、GS_{70}、GJ_{70}	92.5% 以上浓度的浓硫酸、盐酸和液碱等介质
	化工品罐车	G_{60XK}、G_{60LBK}、G_{HA70}、G_{N70A}、GQ_{70A}、GH_{70A}、GH_{70B}	醇类、苯类等化学介质

续表

车辆种类		主要在役车型	装载货物品种
专用铁路货车	沥青罐车	GL_{AK}、GL_{BK}、GL_{17K}、GL_{CK}、GL_{60K}、GL_{70}	沥青、重油等介质
	氧化铝粉罐车	GF_{1K}、GF_{70}	氧化铝粉
	液化气体罐车	$GY_{60(S)}$、$GY_{80(S)}$、$GY_{70A(S)}$、$GY_{95(S)}$、$GY_{100(S)}$	液化石油气、液氨等介质
	煤炭漏斗车	K_{18AT}、K_{18AK}、KM_{70}	煤炭、矿石等散装货物
	石砟漏斗车	K_{13}、K_{13N}、K_{13NA}、K_{13NT}、K_{13NK}、KZ_{70}	石砟、散装货物
	自翻车	$KF_{60(N)}$、KF_{60H}、KF_{60AK}、KF_{80}	矿石、岩石、砂砾、煤块、建筑材料等散装货物
	保温车（冷藏车）	B_{11}、B_{14}、B_{16}、B_{17}、B_{18}、B_{19}、B_{21}、B_{23}	鱼、肉、鲜果、蔬菜等易腐货物
	毒品车	W_{5S}、W_{5SK}、W_{6S}、W_{6SK}、W_{70S}	有毒农药、放射性矿石等危险货物
	家禽车	J_6、J_6SQ、JSQ_1、JSQ_5	猪、牛、羊等牲畜
	水泥车	U_{60}、U_{62WK}、U_{70}	水泥
	粮食车	L_{17}、L_{17K}、L_{18}	散装谷物
特种铁路货车	钳夹车	D_{38}、DQ_{35}	大型机床、发电机、汽轮机转子、轧钢设备、变压器、化工合成塔及成套设备等庞大而笨重的货物
	落下孔车	DK_{36}、D_{45}	
	凹底平车	D_{32}、D_{32A}、D_{9A}、D_{15A}、D_{16D}、D_{28}	
	长大平车	D_{26A}、D_{22A}	
	双联平车	D_{30G}	
	其他	除雪车、试验车、发电车、长钢轨车、限界检查车等（T）	不担任运输任务，多为铁路维修、检查、建设等方面服务。

其中，大写字母为铁路货车的基本型号，取自汉语拼音的首字母，如敞车（Changche），都用字母"C"开头，故"C_{80}"也被叫作"敞80"；小

号阿拉伯数字与小号字母为车辆的辅助型号，用来区分同一种车型的不同结构或内部不同的特殊设施，如"C_{80}""C_{80B}"中的"80""80B"；最后还有车辆号码，用于区分同一类型的不同铁路货车，用大号7位数字记在基本型号和辅助型号右侧，如"$C_{80B}1598237$"，一车一号。这三类编码组成了铁路货车车型车号标记。

上述铁路货车中，有很多车种外形相似，如保温车、毒品车、家畜车都与棚车外形差别不大，但功用却不一样，制造上，保温车车体有隔热层，车内有加温及降温设备，运载食物居多；毒品车则以运载化学农药为主，必须在车体上严格涂打毒品标记。因此两者在涂装上不能一概而论。而有一些车种无论外形和运载的货品都比较相似，如酸碱罐车和化工品罐车，就以类称，统称罐车，以免赘述。其基本原则是按用途归类，主要有13种（表3-2）。

表 3-2　铁路货车主要车种

车种	基本型号	车种	基本型号
敞车	C	漏斗车	K
棚车	P	保温车	B
平车	N、X、NX	毒品车	W
罐车	G	水泥车	U
小汽车双层运输车	SQ	家畜车	J
自翻车	KF	粮食车	L
特种车	D、T		

虽然中国现役铁路货车车型较多，但随着中国铁路货车的全面升级换代，50 t级、60 t级铁路货车将逐步停用或对部分紧缺车辆进行提速改造。70 t级铁路货车将成为中国铁路货物运输的主要装备，目前已量产的70 t级货车有C_{70}、C_{70H}、P_{70}、P_{70H}、NX_{70}、NX_{70H}、GQ_{70}、GQ_{70H}、GN_{70}、GN_{70H}、GF_{70}、GF_{70H}、KZ_{70H}、KM_{70}、KM_{70H}、X_{4K}，以及重载专用的80 t级煤运敞车C_{80}、C_{80B}等。

二、铁路货车的基本结构

了解铁路货车的基本结构是为了按功能分析和设计涂装，虽然我国铁路货车车型车种不少，但是按外形大致可分为敞车类、棚车类、罐车类和平车类（表3-3）。

表3-3 铁路货车外形分类

	敞车	漏斗车	自翻车	粮食车
敞车类	 C_{70}	 KM_{70}	 KF_{60H}	 L_{18}
	 C_{80B}	 KZ_{70}		

	棚车	保温车	家畜车	毒品车	小汽车运输车
棚车类	 P_{70}	 B_{23}	 J_6SQ	 W_{5SK}	 SQ_2

	罐车	水泥车
罐车类	 GQ_{70}	 U_{62WK}
	 GN_{70}	
	 GS_{70}	

续表

罐车类	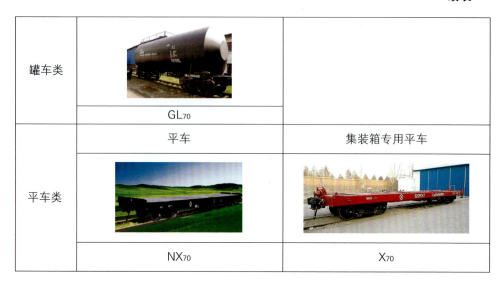 GL$_{70}$	
平车类	平车 NX$_{70}$	集装箱专用平车 X$_{70}$

　　从基本结构来看，一般铁路货车由车体、转向架、制动装置及车钩缓冲装置四大部分组成。个别铁路货车由于运输货物特殊，在车内有一些简单的车内设备，如保温车的保温设施、沥青车的加热设备等。图3-1是以我国用途最广的铁路棚车为例的基本结构示意图。蓝色为车体外墙，黄色为车体上的附属部件，深蓝为车体的底架部分，黑色为转向架，绿色为车钩缓冲装置，红色为车辆制动装置。

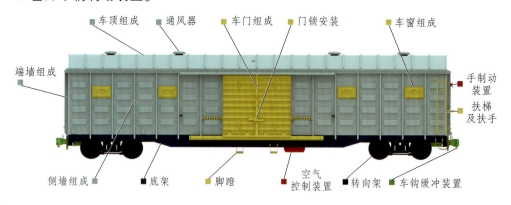

图3-1　铁路棚车基本结构示意图

　　车体是铁路货车最主要的部分，它担负着装载运输货品的任务，又是连接安装其他部分的基础。车体的外形和结构由其用途决定，但一般又由底架、侧墙、端墙、车顶和随车附属结构组成。其中，侧墙、端墙和车顶在涂装设计时可视作一个整体，是主要的施色部分，一般色彩符号的内涵层次就是通过这一部分来展现。底架是铁路货车主要的承重部件，棚车类、敞车类货车的底架通常被侧墙和端墙包覆，可视作一体。罐车类、平车类底架暴露在外，特别是平车，底架就是车体，这两类车的底架也是主要的施色部分。随车附属部件主要是指一些需要人操作的零部件，如所有车型的脚蹬扶梯，敞车侧开门及栓结点、棚车的车窗车门、罐车人孔、装卸、保温装置、自翻车倾翻系统等。它们与人的联系非常紧密，某些部位操作不当易酿成事故，合理运用安全色和警示标识有助于操作人员准确识别、谨慎使用。可见，附属部件的用色也是非常重要的一环。

转向架也称作走行部，位于车体和轨道之间，通常由摇枕、侧架、轮轴、减震、脱轨自动制动装置组成。我国 70 t 级及以上货车主要采用转 K6 型转向架，我国铁路货车转向架通常涂打为黑色。

制动装置是保证列车准确停车及安全运行必不可少的装置。由于铁路货车载重大，惯性也很大，所以不仅是机车头要有制动装置，每列铁路货车都有制动装置。铁路货车的制动装置分作三个部分，一是空气制动机，一部分在机车上，一部分在车辆上，并通过制动主管连接整列车，由司机控制；二是基础制动装置，基础制动装置是制动装置中用于传递、扩大制动力的一套杠杆连接装置；三是人力制动机，通过链条人力控制基础制动装置产生制动力。其中，前两种制动装置安装在车辆底部由司机控制，不需要人为操作，与人的视觉及行为不产生交互，人力制动机在铁路货车编组、调车作业中常被用到，也是重要的辅助装置以备急需，需要操作员手动调力、缓解等操作，其色彩运用和标示标记应是本书研究的范围。

车钩缓冲装置是铁路货车与铁路货车之间相互连接承受冲击作用的部分，通常由冲击座缓冲器和车钩组成，70 t 级及以上铁路货车中车身有翻转要求的用 16 型车钩与 17 型车钩配套，无翻转要求的使用 17 型车钩。车钩缓冲装置通常涂打为黑色，但车钩提钩把手可另作颜色处理。

为了便于运用和方便设计维修，对铁路货车的方向和位置规定了统一的确定方法。规定以装有人力制动机的一方为车辆的一位端，另一方为二位端。其他部件的方位确定由观察者站在一位端面向二位端从一位端起从左向右依次标注为 1 号位、2 号位、3 号位、4 号位等。就铁路涂装的车型车号标记而言，一般标记至 4 号位即可（图 3-2）。

图 3-2 铁路货车方向位置

第二节 国产铁路货车涂装规则

为了方便管理铁路货车、符合国人对色彩符号的解释习惯，使铁路货车在开行时形成整体，我国也出台了一些铁路货车涂装相关的国家标准和行业标准，主要参考的有 TB/T1.1-1995《铁道车辆标记 一般规则》、TB/T1.2-1995《铁道车辆标记 文字与字体》、TB/T2435-03《铁路货车车种车型车号编码》、TB/T1838-1987《铁道车辆用路徽标记》、GB2893-2008《安全色》、GB2894-2008《安全标志及其使用导则》、GB190-1990《危险货物包装标志》、铁运〔2008〕174 号《铁路危险货物运输管理规则》。我们将铁路货车车身上的各种色彩、图符分作文字标记、图形标记、色彩标记分别论述。

一、铁路货车的文字标记

铁路货车的文字标记顾名思义，就是铁路货车涂装中文字说明的部分，包括英文字母、中文汉字和阿拉伯数字。一般来说，一辆车的文字标记由共同标记和特殊标记组成，且1、4号位的标记应一致，2、3号位的标记应一致。

表 3-4 铁路货车共同标记

标记种类	详细标记	标记位置	尺寸/mm	实图样例
1. 车型车号标记（简称车号）	基本型号、辅助记号、车辆号码	左侧涂大车号	大车号：200号、120号、200号字	
		底架侧梁右侧涂小车号	小车号：120号、70号、120号字	
2. 路徽标记	中华人民共和国铁路路徽	两侧侧墙、特殊结构车辆可适当调整	高100或150或200或300或450	
3. 制造工厂铭牌	厂名、制造年份	底架侧梁的2号位或3号位	宽100×高50	
4. 货车性能标记	载重、自重、容积、换长	侧墙的1号位、4号位	70号、50号、30号字	
5. 定位标记	阿拉伯数字"1"和"2"表示一位端和二位端	两侧端墙下角	70号字	
6. 检修标记	厂（段）修标记、辅修标记、滑动轴承轴检标记	车体两侧墙左端下角	下次段修40号、本次段修30号、段修单位40号字	
7. 配属标记	有固定配属的货车应涂打所属路局或车辆段简称，如"成局成段"	两侧墙中部	150号或200号或250号字	
8. 车钩中心线标记	白色5mm水平直线	车钩横截面1/2高处	高5	

（注：汉字/阿拉伯数字/拼音字母字宽高比为2∶3 直体字，如120号字则宽为90，高为120；图形宽高比为1∶1）

表 3-5 铁路货车特殊标记

标记种类	详细标记	标记位置	标记车种	尺寸/mm	部分实图样例
1. 集中载重标记	涂打"集中载重"标记	底架侧梁中部	载重≥60t 的平车、长大货物车	70 号、50 号字	
2. 运用特殊标记	罐车货物名称	1、4 号位性能标记上方	罐车	150 号、50 号字	
	"进汽压力"标记	1、4 号位性能标记下方	粘油罐车	70 号字	
	"容量计表"标记	容积标记下方、一位端端梁上	罐车	70 号字	
	"危险"标记	色彩中部	危险品罐车	150 号字	
	"毒品专用车"标记	大车号标记下方	毒品车	高 350	
3. 结构特点标记	"人"字标记	1、4 号位性能标记下方	可运输人员的棚车	高 120	
	"古"字标记	1、4 号位性能标记下方	有栓马环、具有运马装置的货车	高 120	
	"关"字标记	活动部分超过车辆界限的位置	有活动墙板或其他活动部分的货车	高 120	
	"特"字标记	1、4 号位性能标记下方	运输特殊货物的车辆	高 120	
	"禁止上驼峰"标记	1、4 号位性能标记下方	禁止通过驼峰的货车	高 120	
	"超"字标记	超出车辆界限的部分	某部分结构超出车辆界限的货车	高 120	
	"卷"字标记	1、4 号位左下角	在侧梁端部装有卷扬机挂钩的货车	高 120	

除上述在铁路货车外观中需要涂打的主要文字标记以外，铁路货车的零部件上还应有检修标记，如截断塞门手把、重车转换塞门手把以白色面漆标记；制动软管中部检修标记；三通阀、分配阀下体检修标记；货车新产品试运期标记等。均按 TB/T1.1–1995《铁道车辆标记 一般规则》涂打即可，这里不再赘述。

此外，还有一些铁路公司未做硬性要求的提示性文字，如车辆扶梯部位的"小心攀爬"提醒，装有 16 号转动车钩的货车一位端端墙上涂打有"转动车钩端"提示，手制动机安装较高的车辆在手制动机一旁标有"接触网下操作，注意安全"等字样。这些都是必不可少的语言符号。

二、铁路货车的图形标记

图形标记是为了避免使用冗长的文字来说明特定内容而创造的一种符号。它不需要解释者学习某种语义编码规则，可以直接通过联想就能对符号的所指一目了然。铁路货车上的图形标记多是为了表示警示、危险、禁止等紧要内容。

其中有严格规定，运输危险品的铁路车辆需依照国标 GB190–1990《危险货物包装标志》涂打相应图形符号。危险货物是指在运输、储存、生产、经营、使用和处置中，容易造成人身伤亡、财产损毁或环境污染而需要特别防护的物质和物品。《危险货物包装标志》中的图形分别标示了爆炸品，气体，易燃液体，易燃固体，氧化性物质，毒性，感染性物质，放射性物质，腐蚀性物质，杂项危险物质，共 9 类危险货物的主要特性。详细货物名称及其分类参考 GB12268–2005《危险货物品名表》和 GB6944–2005《危险货物分类和品名编号》中的说明。

我国的铁路货车中，需涂打危险货物标志的主要就是木底棚车、罐车和毒品车。

表 3-6 铁路货车危险货物标志

危险品种类	详细标志	主要货品	主要车型
1. 爆炸品		火药、炸药、起爆药、硝化棉、烟花爆竹等	P_{70}、P_{64}
2. 气体		液化石油气、液氨、丙烷、丁烷等	GY_{80}、GY_{95}、GY_{100}
3. 易燃液体		汽油、煤油、柴油、原油、甲醇等	GQ_{70}、GN_{70}、GH_{70}、GL_{70}、G_{HA70}
4. 易燃固体		含磷化合物、硝基化合物、易燃金属粉末等	P_{70}、P_{64}
5. 氧化性物质		氯酸钾、高锰酸钾、高氯酸、过硫酸钠等	P_{70}、P_{64}、GF_{70}
6. 毒性、感染性物质		氯化苦、硫酸二甲酯、有机锡类等剧毒化学品和农药	W_{70S}、W_{5S}、W_{6S}
7. 放射性物质		镭、铀、钴-60、硝酸钍、二氧化镭等（由专用容器包装）	P_{70}、P_{64}
8. 腐蚀性物质		浓硫酸、盐酸、液碱、高氯酸、氢氟酸等	GS_{70}、GJ_{70}、G_{11K}、G_{FAK}
9. 杂项危险品		锂电池、救生设备、转基因生物等	P_{70}、P_{64}

（注：图形中数字为对应 GB6944-2005《危险货物分类和品名编号》中危险货物的种类项号）

除以上国标要求在铁路运输中涂打的标志以外，铁路货车还应该有一些提示、禁止、指令和警告类标志作为辅助，如"严禁攀登"、"注意安全"、手制动机转盘上的"制动"和"缓解"方向指示箭头等标志。它们与危险货物标志共同组成铁路货车完整的图符系统。

三、铁路货车的色彩标记

铁路货车的色彩标记主要指铁路货车车体涂装上的功能性色彩，主要分作两方面，一是部分车型因运输需要，车身色彩必须按照《铁路危险货物运输管理规则》中规定的颜色涂打；二是铁路货车车身上的色带标记，也有限制要求。这些规则主要还是针对危险品运输的车辆，对铁路罐车的限定较多。

车身色彩方面，我国的铁路货车车体颜色十分单一，常见的有黑色、R01铁红色、PB04中（酞）蓝色、PB08蓝灰色、R05橘红色这几种，以深色系为主，主要起耐脏抗污的作用。一些行业规程中给出了一些车型的建议用色，但未做硬性规定。只有运输危险品的车辆需要按照国家相关规定来施色（表3-7）。

表 3-7　铁路货车车体颜色

色例	漆色漆种	使用车种	限定
黑色	黑色水溶性（溶剂型）厚浆醇酸漆	各型敞车（车体铝合金部位除外）、平车、棚车、漏斗车	
		粘油类、沥青罐车	是
R01 铁红色	铁红醇酸漆	集装箱平车、小汽车运输车、长大物铁路货车、PB型棚车车体外表面（行包快运专列）	
银色	银色醇酸漆	冷藏车车体、粮食漏斗车罐体	
银灰色	银粉调和漆	轻油罐车罐体的外表面	是
Y08 深黄色	绛黄色水溶性（溶剂型）厚浆醇酸漆	氨水、酸碱类罐车罐体、毒品车车体外表面	是
G02 淡绿色	绿色水溶性（溶剂型）厚浆醇酸漆	P_{65}型车体外表面（行包快运专列）	

表3-7为目前国产铁路列车常用的一些色彩，其中限定部分是指必须严格按要求涂打的：原油、重柴油、润滑油等粘油罐车必须整车使用黑色；汽油、

煤油、醇类等轻油罐车应整车使用银粉漆；酸碱类化工品罐车则应严格使用 Y08 深黄色涂打。非限定部分则是没有强制规定必须使用的颜色，但大多数铁路货车是按此涂打的。

另外，色带也是铁路货车车身上的重要色彩标记。在铁路客车设计中，色带是十分重要的装饰手段，有重要的象征意义。铁路客车的色带（表 3-8）一般顺应运动方向，粗细不一，并在开始和结尾处有所变化，或是向下或是变细以加强速度感。色彩上也较为随意，与车体主色拉开差异即可。但铁路货车的色带主要作为一种危险识别符号加以运用。其运用的主要车型仍然是危险品罐车。装运危险品货物的罐车，罐体纵向中部须涂打 1 条宽 300 mm

表 3-8 铁路货车色带标记示例

货品性质	色带标记示例
易燃性液体	300mm 轻油 QIN YOU 易燃
氧化性液体	300mm 氧化铝粉 YANG HUA LV FEN 氧化
有毒性液体	300mm 硫酸二甲酯 LIU SUAN ER JIA ZHI 剧毒、易燃
腐蚀性液体	300mm 浓硫酸 NONG LIU SUAN 禁水、腐蚀
易燃液化气	100mm 200mm 液化石油气 YE HUA SHI YOU QI 易燃
剧毒液化气	100mm 200mm 硫化氢 LIU HUA QING 有毒、易燃
不燃无毒液化气	100mm 200mm 氟利昂 FU LI ANG

表示货物主要特征的水平环形色带：易燃性用红色表示，氧化性用绿色表示，毒性用黄色表示，腐蚀性用黑色表示，液化气体用蓝色与其他颜色分层涂装。色带中部留一空处涂专用货物名称，以分子分母形式表示：分母为危险性、分子为货品名。

当罐车车体颜色与色带颜色相同时，可不涂打色带。全车性能试验期间需在车体两侧墙各涂打两条 100 mm 白色色带，色带间距 100 mm。

从以上铁路货车涂装规则不难看出：限制较多、要求明确的主要是运输危险品的罐车，其次是运输危险品的棚车。所有关于色彩和标记的行业规则都是围绕运载货品的性质确定的。而运载一般货物的列车用色则比较单调老旧，有颜色就行。

这种用色标准说明铁路货车运营的相关部门还没有完全正视铁路货车涂装色彩的作用，其色彩运用程度与其他地面交通工具不可同日而语。国产铁路货车色彩存在一种唯功能论的观念，各车型能拉货、有区别就行。至于体现车辆的速度感、平稳感等指示特性和文化审美、情感归属等象征特性还十分不足。虽然铁路货车涂装在标准上有一些限制，但我们仍有很大空间为国产铁路货车设计理想的涂装颜色。

第三节 中国铁路货车涂装色彩

我国铁路货车自1949年以来经过仿制、自主创新设计两个大阶段实现了铁路货车载重从30 t级到50 t级、50 t级到60 t级、60 t级到70 t级三次大的升级换代，时速从70、80km/h升级至目前普遍的120km/h。目前主要从事国产铁路货车制造生产的是中国中车集团。它们按照铁路行业标准和国家相关运输标准涂打车辆色彩，没有标准限制的车型和部分则靠自主设计，那么从整体上看，中国铁路货车经过半个多世纪的发展到底经历了哪些变化？色彩运用呈现怎样的趋势？是否形成了中国铁路货车的的用色体系？下面对各类车型资料进行逐一对比分析，以找出答案。

一、敞车类铁路货车涂装色彩

我国敞车类铁路货车主要型号及色彩如表3-9所示，同种车型色彩相同结构不同的（辅助型号不同），选取主要型号；同种车型只要色彩不同的，则都选取。

表3-9 我国敞车类铁路货车主要色彩

时间	敞车	
1949—1966		
	C₅D	C₁₆A

1966—1998	 C_{61}	 C_{62}	 C_{63}
	 C_{64}		
1998 至今	 C_{70}	 C_{70}	 C_{70A}
	 C_{76}	 C_{80B}	 C_{80B}
	 C_{100A}	 C_{100A}	
时间	漏斗车（矿石车）		
1966—1998	 K_{13}	 K_{13A}	 K_{18F}

40

续表

1998 至今	KM₇₀	KM₇₀	KM₇₀ₓ
	KZ₇₀ₓ	KZ₇₀	
时间	自翻车		
1963—1998	KF₆₀		
1998 至今	KF₆₀ₕ	KF₈₀	
时间	粮食车		
1998 至今	L₁₇	L₁₇	L₁₈
	L₇₀		

41

表 3-9 为中华人民共和国成立以来我国主要的敞车类铁路货车，除去不锈钢车型，其车体主要色彩通过查找行业资料，使用 Illustrator 软件在漆膜色卡中提取颜色样票，如图 3-3 所示。

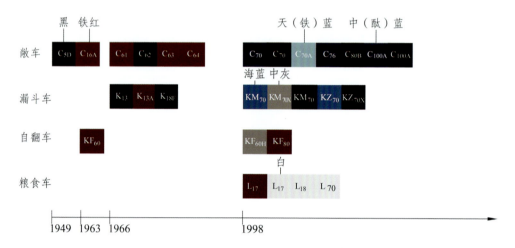

图 3-3 敞车类铁路货车车体颜色

其中，车体主色常用黑、铁红、中（酞）蓝、天（铁）蓝、海蓝、中灰这 7 种颜色，放入 HSB 色彩坐标模型，如图 3-4 所示。

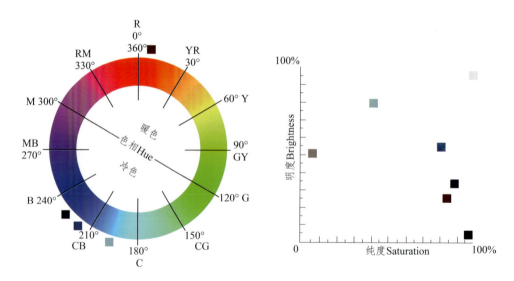

图 3-4 敞车类车体色彩 HSB 坐标图

由图3-3和图3-4可以看出：

（1）在敞车类铁路货车车体主色颜色种类的选择上，多数颜色集中在色相（H）210°左右，只有铁红色在（H）5°左右，整体上呈明显的冷色调，占到了色相统计颜色的3/4（黑白灰除外）；纯度（S）上，车体色彩以中高纯度为主，最高纯度90%以上，在50%~90%区域的色彩占5/7；明度（B）方面，敞车、矿石车、自翻车以中低明度为主，粮食车以高明度白色或银色为主，明度分部较为分散。由此可见，我国敞车类铁路货车的色彩特征是冷色调、中高纯度、中低明度。

（2）在色彩种类上，虽然冷色系使用较多，但落实到铁路货车的具体数量上，多数货车仍然使用铁红色和黑色。早期铁路货车使用铁红色是一种政治宣传的需要，但目前多数1966—1998年这一阶段的铁路货车还尚未退役，1998年以后的70 t级新造车则有使用蓝色系作为车体主色调的趋势。

（3）从1949年至今的车体色彩演变趋势上看，色相从红、黑两色向以蓝色为主的冷色系调整，颜色的明度有变高的趋势，部分色彩使用了较浅的颜色，如天蓝色这种轻快活泼的色彩。纯度上则变化不大。

（4）在次要色的运用上，部分新造敞车都使用了黄色色块，一方面可能是强调操作部，另一方面是标明转动车钩端，使其1、2位端首尾顺序相连，准确编组，方便不摘钩翻车卸货。

（5）粮食漏斗车运载货品不同于敞车和矿石漏斗车，以散装谷物为主，所以车体一般使用白色或银色面漆，给人干净、安全的心理感受。

二、棚车类铁路货车涂装色彩

我国棚车类铁路货车主要型号及色彩如表3-10所示。同种车型色彩相同结构不同的（辅助型号不同），选取主要型号；同种车型只要色彩不同的，则都选取。

表 3-10 我国棚车类铁路货车主要色彩

时间	棚车		
1953—1966	P50		
1966—1998	P60	P61	P62
	P63	P64	
1998 至今	P65	P66K	P70
	P70	PB	PB
时间	小汽车双层运输车		
1989—1998	SQ1	SQ2	SQ3
1998 至今	SQ3K	SQ4	SQ5

续表

1998 至今			
	JSQ_5	SQ_6	J_6SQ
时间	家畜车		
1986至今			
	J_5	J_5	J_5SQ
	J_6		
时间	保温车		
1980—1998			
	B_6	B_{10B}	B_{15C}
	B_{16}	B_{19}	B_{20}
	B_{21}	B_{22}	
1998 至今			
	B_{23}	BKC	

续表

时间	毒品车		
1980 至今			
	W₅ₛ	W₆ₛ	

表 3-10 为中华人民共和国成立以来我国主要的棚车类铁路货车，除去不锈钢车型，其车体主要色彩如图 3-5 所示。

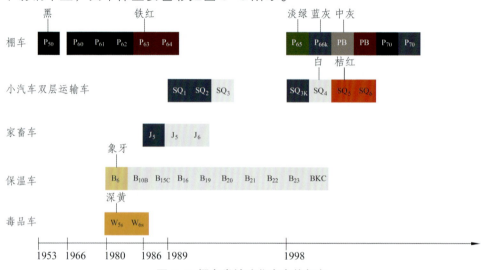

图 3-5 棚车类铁路货车车体颜色

从图 3-5 中可以看出，棚车类车体最常用到的是黑色、铁红色、蓝灰色这三种颜色，根据其运载货物的不同性质，棚车以黑色和铁红色为主，小汽车双层运输车以蓝灰色和桔红色为主，家畜车、保温车常使用白色作为主色，毒品车使用深黄色。车体的色彩提样放入 HSB 色彩坐标模型，如图 3-6 所示。

由图 3-5 和图 3-6 可以看出：

（1）棚车类铁路货车是我国数量最多、使用最为广泛的铁路货车，除毒品车在色彩上有严格的规定外，其他车种施色的自由度较大，并且由于棚车类铁路货车运载的货物品种多样，所以其展现的色彩比敞车类铁路货车更丰富，色相（H）呈明显的两极分化，主要集中在中高纯度（S），明度（B）则呈离散分部。

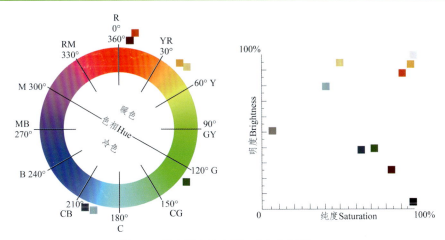

图 3-6 棚车类车体色彩 HSB 坐标图

（2）棚车的色彩主要是铁红色、黑色和蓝灰色，这三种颜色。铁红色和黑色是早期车辆的主要色彩，70 t 级的棚车产品则加入了蓝灰色作为主色，仍然有由低明度向高明度、色彩由深到浅的运用趋势。蓝灰色相对于黑色和铁红而言，更能突出棚车轻快的一面。冷色调也显得较为高档。两种行包快运车 P$_{65}$ 和 PB 型代用棚车色彩较通用棚车有区别，早期的邮政行包专列 P65 统一使用淡绿色搭配黄色色带，突出企业形象。现在使用的 PB 型代用棚车有中灰色和铁红色两种涂装颜色，侧墙上的企业 Logo 更大更醒目。总体来说棚车的用色其实可以非常灵活，有很大的设计空间，色彩以冷色调、高明度、中高纯度为宜。

（3）小汽车双层运输车由于发展较晚，20 世纪 80 年代后期我国才开始广泛使用，故基本见不到铁红色。早期的 SQ$_1$-SQ$_4$ 几种车型属于开放式结构，无顶棚和明显的侧墙。但现在主要使用的 SQ$_5$、SQ$_6$ 都是全封闭结构，故纳入棚车类讨论。小汽车双层运输车以灰蓝色、白色和桔色为主，SQ$_5$ 和 SQ$_6$ 都是桔色，与通用棚车有了明显区分，在车体还使用了 "Z" 字型白色装饰色带。用色趋势以暖色调、高明度、高纯度为主，以体现其高保值货品的特点。

（4）家畜车车型较少，且长期没有新造车，多数家禽运输任务由棚车和小汽车双层运输车担任。家畜车由于墙体由百叶栅组成不好涂打色彩，一般都是整色。部分由小汽车双层运输车改造使用的家畜车有一些色带装饰。车体以高明度、浅色调为主，一般使用白色。

（5）保温车的车体色彩基本无变化，少量车型使用象牙黄色，绝大多数为白色，因保温车一般不担任长途运输任务，各路局车辆段用不同颜色的色带区分配属，形成白色加一条色带的涂装格式。

（6）毒品车车体按《铁路危险货物运输管理规则》要求使用黄色，车门涂打第6类危险标志，整车呈高明度、高纯度醒目色，以传达危险、警示的信号。

三、平车类铁路货车涂装色彩

我国平车类铁路货车主要型号及色彩，如表 3-11 所示。同种车型色彩相同结构不同的（辅助型号不同），选取主要型号；同种车型只要色彩不同的，则都选取。

表 3-11 我国平车类铁路货车主要色彩

时间	平车		
1970—1998	N17	X6A	X3K
1998 至今	NX17	NX70	X1K
1998 至今	X2K	X4K	X6K
	X70		

表 3-11 为中华人民共和国成立以来我国主要的平车类铁路货车，其车体主要色彩如图 3-7 所示。

从图 3-7 中我们可以看出，我国的铁路平车主要有通用平车（N）、平车集装箱共用车（NX）、集装箱专用车（X）三种，目前通用平车逐渐被平车集装箱共用车代替，集装箱运输是平车发展的主流。通用平车和平车集装箱共用车都使用黑色，集装箱专用平车则多使用海蓝、铁红、桔红、桔黄、大红这几种颜色。平车类车体的色彩提样后放入 HSB 色彩坐标模型如图 3-8 所示。

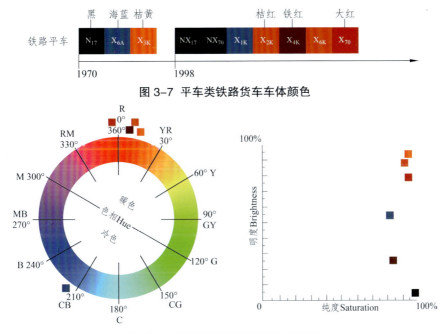

图 3-7 平车类铁路货车车体颜色

图 3-8 平车类车体色彩 HSB 坐标图

由图 3-7 和图 3-8 我们可以总结出：

（1）从时间上看，通用平车和平车集装箱共用车的颜色只有黑色一种，因平车高度低，无侧墙端墙结构，体量相对较小，使用黑色主要是出于耐脏的考虑。集装箱专用车早期使用海蓝色和铁红色，目前逐渐形成以桔红色为主色调的色彩规律。

（2）平车类铁路货车主要使用的车体色彩在色相（H）35°－15°的颜色占到了 4/5，呈明显的暖色调，明度（B）有从低到高的发展趋势，纯度（S）集中在 80% 以上。这说明在车体施色面积较小的时候，通过提高色彩的纯度和明度可弥补识别性的不足。

（3）平车类铁路货车作为一种通用性强又最为基础的车型，运载的货品多种多样，在色彩的运用上较为自由，可以考虑纯度和明度都较高的鲜艳色彩，如天（酞）蓝、豆蔻绿、紫等颜色。因为其面积小且在人们视平线以下，使用鲜艳的色彩并不会给人造成视觉的不适，反而使其更加醒目明快。

四、罐车类铁路货车涂装色彩

我国罐车类铁路货车主要型号及色彩如表 3-12 所示。同种车型色彩相同结构不同的（辅助型号不同），选取主要型号；同种车型只要色彩不同的，则都选取。

表 3-12 我国罐车类铁路货车主要色彩

用途	罐车		
轻油罐车	G6（轻油）	G18（轻油）	G60K（轻油）
	G70（轻油）	GQ70（轻油）	
粘油罐车	G12（粘油）	G12S（食用油）	G17（粘油）
	G17B（粘油）	GH（松节油）	GN70（粘油）
	GSK（食用油）		

续表

酸碱罐车	 G₁₁（液碱）	 G₅₀（盐酸）	 GF_AT（盐酸）
	 GF₁₇（冰醋酸）	 GH₄₀L（浓硝酸）	 GJ₇₀（液碱）
	 GS₇₀（浓硫酸）		
化工品罐车	 G₆₀A（苯）	 GH₅₀（丙酸聚酯类）	 GH₇₀A（乙二醇）
	 GH_A70（醇类）	 GH_K（甲醇）	 GH_K（黄磷）
	 GN₇₀A（对二甲苯）		
沥青罐车	 G₁₄（沥青）	 GL₆₀K（沥青）	 GL₇₀（沥青）
	 GL_BK（沥青）		

续表

氧化铝粉罐车			
	GF3K（氧化铝粉）	GF3K（氧化铝粉）	GF70（氧化铝粉）
液化气体罐车	GY60（丁二烯）	GY70（丁二烯）	GY80ST（液化氢）
	GY95（液化石油气）	GY100（液化石油气）	
水泥车罐车	U60	U61W	U62WK
	GF18K		

由表3-12，对我国罐车类铁路货车车体色彩可作如下分析：

（1）罐车类铁路罐车因绝大多数承担危险品的运输，色彩方面规范较为严格，限制规定多，总体来看有银灰色、黑色、深黄色这三种颜色。不同货品性质用色带区分（详见表3-8），所以车体主色显得十分单调，也没有次要色和辅色的运用。

（2）除开酸碱罐车使用安全色中的黄色外，其他危险品罐车都统一使用银灰色的规定稍显警示性不强。如石油液化气罐车使用银灰色罐体加上蓝黄色带，除非专业人员对罐车色带有清楚的认识，一般群众或救援人员则不能通过此类色彩产生警示的联想。所以罐车的危险品表达规则是一种建立在必须学习的象征性符号，色彩符号的指示性不够。

（3）水泥罐车的用色空间很大，限制规定少，但从现有车型来看，用色十分单一，主题色以银灰色为主，无任何装饰色块色带和企业标识。这与公路水泥罐车相比在用色上还有相当的差距，是十分值得着手改进的地方。

第四节 中国铁路货车涂装的现状问题

上面通过对国内铁路货车主要车种车型的涂装色彩分析，归纳了我国铁路货车涂装的常用色及各类车型的用色趋势。为进一步了解铁路货车的涂装方法和流程，体验人与涂装色彩的交互适应关系，对部分主要车型展开了调研，以便总结铁路货车涂装中的现状问题。

一、70t 级新造铁路货车涂装调研

我国铁路货车的涂装色彩经过 60 余年的发展，从所有铁路货车都用黑色、铁红色涂装到用色逐渐区分，形成了行业规则。如今每一类铁路货车都有其区别于其他车辆的用色范围，例如敞车以冷色调、中低明度、中高纯度为主，平车以暖色调、高纯度为主。这种区别日益明朗。对新造车的调研，一是了解新车色彩的使用现状；二是了解涂装的工艺要求和涂打流程；三是通过实际操作，体验色彩的人机交互关系。

中国中车眉山车辆有限公司是铁路货车制造和研发的主导企业。在中国，有近三成的各型铁路货车由该企业提供。

眉山车辆厂目前在产的有 GQ_{70} 型轻油罐车、P_{70} 型通用棚车和 C_{70} 型通用敞车。对制造车间已完成涂装作业的 GQ_{70} 进行试操作，新造的 GQ_{70} 罐车在涂装上按照国家相关标准要求涂打，但在使用时仍显得提示性和指示性不够，如通过扶梯上车顶对人孔进行操作时，由于车辆界限的限制，在罐体中部扶梯踏板与罐体距离靠得太近，纵深只有脚趾的长度，其相应位置缺少警

示标识提醒操作人员注意，罐车车顶的人孔是必须要操作人员手动操作的部件，但人孔和车体一致为银灰色，无任何色彩区分，车顶也无"接触网下操作，注意安全"等提示。

我国的铁路货车涂装主要由车间底漆、防锈底漆和面漆组成（表3-13）。车间底漆又称作预涂底漆，是作为金属产品加工前储存和加工期间保护钢材防止锈蚀的一种措施。防锈底漆则起到主要的防护功能，有良好的耐候性和防腐性，但它一般光泽不好，所以只做底漆使用。决定车辆色彩涂装的是面漆，目前我国铁路货车使用的面漆主要为厚浆醇酸漆，该漆价格便宜，对施工环境要求低，防护性好，其不足则是该涂料含有对人体有害成分，涂打时应注意防护。在涂装工业方面，目前主要沿用的还是墨线定位、遮挡涂打的方式，所以设

图 3-9 新车生产 – 涂装 – 编组

计车辆外观涂装时，色彩图形要以简洁为宜，方便施工。

表 3-13 铁路货车涂装工艺

涂装工艺流程	作用	漆种
预涂底漆	工序间防锈（涂打防锈漆时应先剔除）	醇酸类或环氧类漆
防锈底漆	防锈性、耐候性强、施工厚涂性好	环氧脂防锈底漆、双组份环氧或环氧聚氨酯底漆
中间涂层	增加面漆附着力，改善面漆外观丰满度	环氧或聚氨酯类漆
面漆	耐脏、耐用、美观	厚浆型醇酸漆

从现状来看，在制的铁路货车除国标规定部分的色彩外（如截断塞门把

手、色带和危险品符号等），车身用色一般不区分，敞车和棚车的扶梯、脚蹬、手制动机都与车体统一为黑色，装饰性色彩则不做考虑。

二、中国铁路货车涂装现状及问题

经过对我国铁路货车常用色彩的梳理和制造企业的调研，从设计学范畴归结了一些涂装色彩的现状问题，总结如下：

（一）混乱单一的色彩模式

单一的色彩主要指车休部分的用色较为单调，国内铁路货车使用最多的仍是黑色、饮红和蓝灰色三种颜色，其次是银灰、怡红、中蓝色。车体上除了国标要求的车辆标记和"车种车型车号编码"，鲜有辅助色彩和图案。这样的涂装方式固然简化了涂装作业的时间，提高了制造商的生产效率，满足了铁路货车的通用性。但在制造能力和运输组织方式都不同于往昔，这种色彩运用模式有改进的必要。由于铁路货车较客运车辆种类更多，运载的货品性质不同，单一的车体色彩降低了车辆的识别特征，人们需要依赖调度单或特定路段的电子车号识别设备才能辨识运载货品。部分欧美国家的方法是，通过不同的车体色彩来辅助管理车辆，这不仅是处理应急事故和日常车辆调度的有效之举，而且使铁路货车的涂装更为丰富，形成一种文化。混乱的色彩现状是指铁路货车的涂装色彩缺乏规范性和系统性，主要体现在：对图符标识的运用上面，同一编组的同种车型车号位置不一样、警示标识不同、罐车色带高低和宽度不一致等。这些问题不仅对危险识别和事故处理造成很大困扰，还对列车的整体感、连续性造成破坏。

（二）缺乏功能性的色彩表达

色彩与图形可以起到比文字更为直观的表达效果，通过色彩图形符号唤起人们的知识共鸣，传递信息比文字阅读更快。就车辆本身而言，需要调车员操作的车钩提钩把手、安全附件、手动制动装置与人的行为产生直接的交互，我们可以通过使用高对比度的色彩和安全警示标志提高操作的准确性和安全性，但目前的车辆对这些部件鲜有色彩区分，更缺乏相应的指示性符号。

在整体外观上，涂装色彩的功能则更加多元化，酸碱类罐车和毒品车使用黄色作为车体的主色表示警示；有保温要求的沥青车通体黑色以保存热量；保温车为白色，以减少吸热增加反射。虽然目前国内的铁路货车在主体颜色上符合车辆的特性，但缺乏细节考量。操作区与非操作区没有色彩区分，危险品车的车号及文字标记也不够醒目。由于铁路货车的外形和零部件都较为尖锐，不仅与操作人员产生直接联系，并且是道路交通的直接危险物，所以合理使用安全色对降低操作失误率、提高车辆安全性有十分重要的作用。

（三）审美性不足

美观的车身涂装是提升产品附加值的重要因素。一提及铁路货车，国人想到的无非是老旧、脏等。我国的铁路货车涂装主要使用以防腐为主要目的的防护性色彩，对人们的视觉感受、审美偏好、环境协调性等因素都还未考虑。如我国第一条重载煤运专线大秦铁路上开行的 C80B 型专用敞车，车体以黑色为主，用黄色色块区分了操作区，黑色虽然增加了煤车的耐脏性，但整车用黑色涂打的做法既不美观，也对传达大秦铁路的象征地位没有帮助。货运列车在大自然和城郊开行，给人以直接的视觉感受，有必要遵循大众的审美认知，与大地景观相协调，特别是固定线路的铁路货车，其色彩完全可以与开行的地貌环境相互呼应、相得益彰。这对提升品牌形象、唤起人们的民族热情大有裨益。

（四）符号性弱

色彩涂装应该是一种不言而喻、一目了然的符号语言。好的色彩涂装无论是对企业形象提升还是对安全性、货品性质的保证都是不言而喻的。而目前国内铁路货车的涂装色彩主要依靠从业人员通过学习行业规则来判断色彩色带的含义，非专业人员则不知就里，我们可以通过不同的色彩和图形来强调这些语义。

第四章 铁路货车涂装的设计要素

内容概要

从功能性、环境性、文化性以及审美性四个方面阐述铁路货车涂装的设计关键因素，分析对比美国、加拿大、西班牙、俄罗斯以及德国五个国家的典型铁路货车涂装色彩。

铁路货车是技术与美学相结合的产物，完全脱离技术的装饰艺术和完全脱离美学的技术其实都是对整体功能的损害。各国的铁路货车类型及其结构基本相同，甚至相关标准也十分相似，如德国同样把危险品分作九大类，类别与我国相同。但各国铁路货车涂装却有较大差异。

（1）功能上的差异。各国因铁路运输的主要资源不同，造成了涂装上的差异，如美国以大宗散装货物为主，煤炭运输尤甚，故较为强调车辆的耐脏性和实用性。棚车使用较多的国家，如加拿大，高附加值货物占有一定比例，其涂装用色则比较注意对货品和企业形象的体现。俄罗斯则以盛产天然气著称，其液化气罐车十分有特色。这类差异是运输的主要物资决定的。

（2）不同开行环境的差异。各个国家有其较为明显的地理特征和气候，如加拿大冬季较长易积雪，铁路货车以暖色调为主。西班牙是高原地貌，以温带和热带气候为主，终年气温较高，铁路货车色彩多用绿色带给人清新之意。

（3）历史和文化的差异。文化上的差异导致审美偏好的不同，历史和政治因素也会直接影响铁路货车的用色，如俄罗斯的色彩涂装基本上取决于政治的需求。

（4）品牌形象树立的差异。铁路公司作为国家重要的盈利机构，德国 DB Schenker、西班牙 RENFE 等企业都将企业的形象识别放在特别重要的位置，其产品色彩有很高的辨识度。

单一的色彩和图形虽然能使人产生共感觉，但很难讲清"丑""美"之分。但不同的色块相互的组合就会使人产生更进一步的联想，人们不仅能感受其"丑"和"美"，还能说出它为什么丑，为什么美，代表了何种价值和文化。这就是对色彩符号编码的目的。

铁路货车的涂装通过不同色彩之间的组合、分割，组成一个整体的、相互协调并传递特定价值的符号系统。其效果的好坏取决于各种因素，具体可归纳为主观因素和客观因素。主观因素主要是"人"的因素，即人对色彩的体验过程，包括对色彩刺激产生的生理反应、无意识的联想和象征、个人文化背景产生的影响等。这些形成了人对涂装色彩好坏评价的主观判断依据。客观因素主要是指铁路货车涂装色彩存在的物质环境条件，包括行业规则、地理环境、气候因素等都会对色彩的认识造成影响。这些因素在设计时必须考虑在内，共同构成符号传递的"规则"，其中最为主要的影响因素称之为"要素"。

第一节 铁路货车涂装的设计要素

铁路货车作为陆地上最为主要的交通工具之一，虽然不载人（部分棚车特别情况除外），但与人的使用和视觉产生着切切实实的关系。绝大多数的货物列车在始发和终点时都是穿城而过的，加上其运输人类生活物资的重要作用，可以说与人类社会密不可分。

一方面，铁路货车的外部涂装有着较强的工具性，因为其需要人为操作的部分普遍暴露在外，完完全全就是一种直观赤裸的不经修饰的巨大用具。它的一切造型与结构甚至材料都只为一件事情考虑，那就是货运。所以工具性的色彩是必须考量的。另一方面，铁路货车的外部色彩是构成户外环境的一个小的组成部分，要在整体上考虑与外部色彩的协调与平衡，让它成为开行环境中的一道点缀。此外，铁路货运为国家带来巨大的经济利益，突出企业和国家形象，也是提高铁路货车产品认知度的有效手段。涂装色彩设计是品牌形象设计中的一个重要因素。

一、功能性

铁路货车的色彩涂装与旅客列车的外观色彩不同，它有更多工具理性方面的要求，具体可分为识别上的要求和操作上的要求。识别上的要求主要是结合车辆标记运用色彩指示货物的性质和车辆的特征。货物的性质一般指危险品货物剧毒、腐蚀、易爆等性质，其色彩和标记可按照《危险货物包装标志》《铁路危险货物运输管理规则》等相关标准涂打。车辆的特征则体现在色彩要跟列车的开行特点相结合，比如快运棚车的色彩可以比普通棚车更能体现快速的语义，给人以高效的印象。重载敞车的用色要以体现稳重平衡的语义为主。总体上铁路货运的发展趋势是以快速重载为目标的，开行方式也逐步朝着固定车次、固定编组、固定时间、固定路线、固定停站的五固定模式转变，中途不解编。我们可以把整列车如客运列车一样当作一个整体看待，设计时注意涂装的连续性和整体性。操作上的要求主要是指与铁路工作人员直接产生人机交互部分的色彩应特别处理。这些部分包括手制动机、提钩把手、侧开门把手、罐车人孔闭锁装置等随车功能附件，此处的色彩应直接明示地有助于操作人员使用。还有脚蹬、扶梯、帮扶把手等随车安全附件，此处的色彩应能轻易识别，方便抓靠。如国标GB2893-2008中将红、蓝、黄、绿四种颜色定义为安全色，将黑、白两种颜色定义为安全色的对比色（表4-1）。铁路货车的功能色彩归根结底就是要有足够的指示性，又不能产生过多的晦意联想，要在不破坏整体效果的前提下彼此协调，准确传达出正确的安全和功能语义，这是货车色彩符号的首要作用。

表4-1 安全色的对比色

安全色	对比色
红色	白色
蓝色	白色
黄色	黑色
绿色	白色

二、环境性

铁路货车是置身在环境中的物件，与开行环境有着相互作用的关系。首先，作为一种交通工具，它不是固定的，是以一定速度运行的，这种速度所带来的影响既会增强色彩的作用效果，又会使原本静态清晰的信息变得模糊，形成不平衡的色彩态势。其次，铁路货车又不同于其他载人交通工具在色彩运用上有较大的自由度，容易与环境调和。铁路货车色彩必须在不破坏工具性和安全性的前提下考虑偏好、审美等需求。在这方面相关的标准法规也规定得较为详细。

我国地域辽阔，按地貌形态可分为山地、高原、丘陵、盆地、平原五大基本类型，其中山地和高原的面积最广。我国自古有"大漠孤烟直，长河落日圆"（《使至塞上》王维）这类描写高原的诗句，也有"横看成岭侧成峰，远近高低各不同"（《题西林壁》苏轼），"窗含西岭千秋雪，门泊东吴万里船"（《绝句》杜甫）这类描写山地、丘陵的诗句。设计师在提取铁路货车开行环境的色彩特征时，必须要对变幻不定的自然色彩进行归纳、整理和选择。环境色彩的提取必须本着与货车功能和谐统一的原则，提炼能与大地景观相匹配的色彩。落实到铁路货车涂装配色时，一定要注意铁路货车和环境的"图底"关系，环境就像一张优美的画布，而列车是其中主要的点缀。例如高原多山，常年积雪，背景以白色为主，铁路货车的装饰色可使用小面积的蓝色或红色形成点缀。

但值得注意的是，铁路货车是通用性和功能性兼具的产物，不像铁路客车那样有订制的成分。且我国幅员辽阔，地理环境差异很大，所以对环境的考量只能是设计的一环，并不能作为设计的主因。铁路货车的功能性仍是设计师要首先考量的部分。施色时要坚决摒弃不能体现铁路货车使用意图甚至有破坏功能的色彩。

三、文化性

文化性要素是指铁路货车通过涂装色彩这一符号途径在社会、文化、政治间的关系中产生的特定含义。颜色是古代统治阶层用来象征政权、表明政治诉求的重要工具，也是现代用来象征企业品牌文化和国家形象的重要途径。

对于一般的工业产品，我们可以根据形态、用材等来传达一种视觉、触觉等本体感觉为主的综合感觉，因其面向的市场较广，且多以商业盈利为目标，所以产品的符号传达的内涵意义越多可能就越好，这样可以更广泛地引起不同人群的消费兴趣。但铁路货车有所限制，首先是符号的载体方面，其造型和材料都有严格的技术标准，特别是形态上变化一直不大，所以涂装色彩是最为主要的符号载体。铁路货车产品的文化内涵主要是通过色彩来传递的，并通过视觉感官来接收。其次是符号的所指方面，并不是传达的内涵意义越多越好，而是有一定的针对性，因为铁路货车运行的线路相对固定，在考虑其色彩传达的意义时，不能完全以设计师自己所持的文化背景为依据，也不能像普通产品一样泛指，而是要与开行地区的地域文化、历史背景、宗教信仰为依据，与这些特定的意识形态充分协调，才会产生正面的象征价值，否则会产生厌恶乃至对抗感。落实在铁路货车涂装用色上，很多以国家色彩和企业品牌形象作为设计依据。每个国家或者城市因人们的政治环境、生活习惯、民族传统相似性很大，都有各自的代表色，这些色彩语义汇集成的是地域文化的特性，对增强民众的情感归属和精神凝聚有提升的作用。铁路货车的外观色彩也是企业形象重要的组成部分，能通过色彩和图形的设计强化铁路货车的品牌形象，有助于提高公众对企业的认知度。

四、审美性

美是人们的一种情感体验，人们在观赏一件事物时产生了愉悦的心理感受，这种从感知到愉悦的过程就是审美。

一个真正称得上"美"的产品是实用功能和审美功能高度结合之物。只有当铁路货车的涂装色彩的感性外在使观察者心中产生的主观判断与铁路货车的实用功能这一理性内容相符合甚至超越它时，才能说铁路货车的涂装色彩达到了美的效果。审美情感具有相当的主观性，评判的标准主要依赖观察者对铁路货车涂装色彩用色、图示的比例、构图关系的接受程度，在知觉感受上迎合行为经验的一些共性。满足审美需求主要可以从以下两点入手：

其一，色彩的偏好性。一个能与人们心理取得良好匹配的色彩会表现出对它相对稳定的爱好，叫作色彩偏好。对色彩的偏好既是人类的共性又有明显的个体差异，人们对不同的色彩不仅有偏好顺序还有程度的差异。设计时对色彩偏好的考量需建立在群体的、定量的统计基础上，如表4-2所示。

表4-2 第二次世界大战前有关色彩喜恶的调查

发表者	年份	被测试对象数	嗜好色	嫌恶色
Schuyten	1906	荷兰儿童4000名	青	橙
Katz 和 Breed	1922	美国儿童2500名	青	黄、橙
Garth	1924	美国白人儿童1000名	青	黄
今田	1926	日本中学生1200名	青	橙
Gesche	1927	墨西哥儿童1100名	红	黄
Garth 和 Gollads	1929	菲律宾儿童1000名	红	黄
Walton 和 Guiford	1933	美国大学生1300名	青	黄
周、陈	1935	中国高中生500名	白	青莲

但人们对色彩本身的嗜好与对一个产品所施色彩的嗜好之间是有很大差异的。产品中对各色彩的嗜好要因产品赋予色彩的不同文化价值而异。

其二，色彩的时代性。铁路货车因换代升级周期较长，其涂装色彩应在较长的时间内不过时，最好能反映时代特点又经久耐看，对流行色要慎用。如绿皮客运列车和铁红色的铁路货车，至今仍是一个时代的象征。

综上所述，铁路货车涂装设计的审美性要求设计师不仅要追求单纯的形式美，更重要的还是与铁路货车相关的功能性、环境性、文化性的高度结合，这是它与造型艺术的审美原则的不同之处。

第二节 国外典型铁路货车的涂装色彩

在全球236个国家和地区中，开展铁路货物运输的有144个，其中90

个提供旅客运输服务。我国的铁路货车在中华人民共和国成立初期主要从东德和苏联进口，从木质敞车开始仿制，至今已能制造 40 t 轴重、载重 154.4 t 的世界上轴重最大、载重最高的铁路货车。但是，制造技术的迎头赶上并没有让落后的涂装色彩得到重视，而在世界铁路货车家族中，往往技术领先的国家其货车的色彩涂装也令人印象深刻，在此章中选取国外开行较好的典型铁路货车，从审美传统、企业形象、历史文化等方面分析其铁路货车的涂装用色。

一、美国铁路货车的涂装色彩

美国是世界上铁路货车保有量和需求量最大的国家，铁路货运在北美运输市场中的地位十分重要。美国铁路的运输产品以大宗货物重载运输和集装箱联合运输为主，在运输组织上均开行重载列车。下面是作者整理的美国部分主要车型的铁路货车。

1. 美国的铁路敞车

2. 美国的铁路漏斗车

3. 美国的铁路棚车

4. 美国的铁路罐车

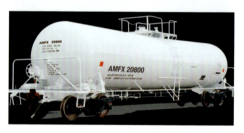

5. 美国的铁路平车

美国铁路货车中最常见的为红、蓝、银灰三种颜色。银灰色主要是铝合金敞车，因敞车承担了美国44%的铁路运输任务，数量上占到了绝对优势。其中新造车多为铝合金车体，所以银灰色成为敞车中的主要色彩。除此以外使用最多的是红、蓝两色，红色是中西部的两家铁路公司 UP 和 BNSF 使用的主要色彩，而蓝色是东部最大的铁路公司 CSX 使用得最多。两种色彩在色相上互成对比色，成为美国东西部铁路货运的象征色。此外红、蓝也是美国国家旗帜的主要色彩，铁路货车使用这两种颜色使得企业品牌和国家形象无形地统一起来，对提升国民对铁路企业的认知和信赖度十分有益。铁路棚车是美国铁路货车中颜色最为丰富的车种，棚车类铁路货车可以运载的货种十分多样，数量仅次于敞车，多数企业选择棚车作为自备车。所以在棚车车身上有两种性质的色彩出现得最多，一种是企业的品牌标志，一种是货物标志。如著名的相机品牌宝丽来的企业自备车辆，用蓝－黄－橙－红类似彩虹的色块做装饰，让人一看便联想到"色彩""彩照"等与相机相关的心理语义，让人印象十分深刻。此外，美国的铁路平车多使用浅黄色，平车在人的视觉中心以下，使用清亮的色彩能提高物体的识别度，引起人们的注意。罐车方面，主要有白色、黑色和绿色三种色彩，用竖向等距的车体对比色色条（黑色和白色罐体使用黄色，绿色罐体使用白色）作为警示标志，相对于我国的300mm 宽贯通式环形色带显得更为灵巧且不破坏车辆涂装的整体性。值得注意的是，对无吸热要求的铁路罐车包括美国在内的多数国家都使用白色面漆，而非我国目前使用的银灰色。

整体来看，美国铁路货车的色彩是比较保守的，是一种工具理性为主导的用色方式，可以说美国铁路货车的用色与中国十分接近，包括红色、蓝色、黑色，都是国产铁路货车使用最多的颜色。这种相似不无根据，美国是我国铁路货车技术主要的引进国之一，特别是在重载运输发展方面，我国的 C_{80} 重载煤运铝合金专用敞车就是由齐齐哈尔轨道交通公司与美国共同研制的，这是我国最早研发的80t级重载专用车，也是第一类铝合金车体铁路列车，所以在用色上未作修改。此外，美国的客运铁路在与公路、航空的激烈竞争中，不具备较强的竞争力和盈利能力，多年来一直处于亏损状态，从而美国铁路转向以货运为主，旅客服务基本由航空运输代劳。人因的减弱造成了对铁路车辆色彩更新成本的增高，受影响尤其严重的是铁路货车，所以涂装色彩长时间不会有较大的变化。而美国的铁路货运主要以煤炭为主，占到了运量的44%，要求铁路货车有足够的耐脏和抗污能力，所以用色以低明度为主，也是出于功能的考量。

综上所言，美国铁路货车的色彩现状是多方面因素形成的结果，与铁路运输组织方式、企业和国家形象、运载货物种类、人的出行方式都密切相关。虽然缺少色彩变化，但在突出企业形象和实用性方面较值得参考。

二、加拿大铁路货车的涂装色彩

1. 加拿大的铁路敞车

2. 加拿大的铁路漏斗车

3. 加拿大的铁路棚车

4. 加拿大的铁路罐车

5. 加拿大的铁路平车

　　加拿大的铁路货运主要由加拿大国家铁路公司（CN）和加拿大太平洋铁路公司（CPR）经营，两家铁路公司担负着全国铁路货运总量的90%左右。此外，还有部分由美国铁路公司经营的货运线路，如美国的CSX公司的营运范围包括加拿大的魁北克与安大略两省。同时CPR的铁路线路也通往美国的明尼阿波利斯、芝加哥、纽约等大型城市，所以在涂装色彩方面，加拿大和美国有非常大的共性，共同形成北美系的风格。

　　加拿大铁路货运以大宗散装货物和棚车运输为主，后者是铁路公司的主要收入来源。运输组织方式基本上是重载专列，都是固定班列、循环往返的专用直达车。所以和美国一样，敞车都是大轴重，但因制造技术不同，色彩上还是有所区别，最明显的莫过于铝合金车体的敞车很少，基本上都是耐候钢，所以以红色和深灰色两种颜色最多。枫叶红可以说是加拿大代表国家的颜色，视枫叶为国宝和祖国的骄傲，还把枫叶喻为友谊的象征。加拿大人还偏爱白雪，视白雪为吉祥的象征，常用筑雪墙、堆雪人等方式来助兴，认为这样可以防止邪魔的侵入。所以在涂装用色上，CN的敞车几乎都使用红色，将其使用在重载列车上提高了其战略意义和地位。加拿大的冷藏车、家畜车、粮食车，包括部分铁路罐车和漏斗车都以白色作为主色调，足以显示人们对这两种颜色的钟爱。

加拿大铁路货车的色彩运用展现了比美国更多的特点，如棚车的用色就体现得较为丰富，光是暖色系，就包含黄色、橙色、桔黄、桔红、红色等多种颜色，但平车的用色又显得比较统一，延续了美国以淡黄色为主的设定。罐车则以黑、白、蓝三色为主。

从整体的色相分布来看，加拿大的铁路货车以暖色系居多，除了对枫叶红的喜爱以外，也与加拿大的气候环境不无关系。加拿大冬季很长，夏季较短，部分国土面积甚至在北极地区，全年除开部分太平洋沿岸城市冬天不会降雪以外，大部分国土会被白雪覆盖4~6个月，白色有偏冷的心理语义，在这种色彩背景下，红色的铁路货车呼啸而过仿佛大地都被融化了一般，给人温暖的心理印象。

由此可见，加拿大的铁路货车色彩与人们的偏好和气候环境都有一些关系，加拿大在色彩的明度和色彩的多样性上比美国高一些。但受美国文化的影响，整个北美地域的涂装色彩差别并不明显。

三、西班牙铁路货车的涂装色彩

1. 西班牙的铁路敞车

2. 西班牙的铁路漏斗车

3. 西班牙的铁路棚车

4. 西班牙的铁路罐车

5. 西班牙的铁路平车

西班牙的铁路货车主要由西班牙国家铁路公司（RENFE）和西班牙泉思

费莎铁路公司（Transfesa）经营。RENFE 作为国营铁路公司亦运营西班牙高速铁路 AVE。但其客运和货运的色彩有明显的区别，RENFE 的铁路货车色彩十分统一，无论何种车型绝大多数为绿色。这在以德铁信可的红色系铁路货车遍布欧洲的环境下，通过色彩的使用形成了对立的强有力的企业形象。其铁路货车在西班牙的辨识度非常高，只要见到绿色的涂装，便十有八九是 RENFE 的铁路货车。其次使用较多的颜色是红色和黄色。这两种颜色是西班牙人民非常钟爱的传统色彩。西班牙于 1785 年就开始使用红、黄色的旗帜挂在船上，红、黄色成为西班牙的代表色。Transfesa 有很多使用黄色涂装的漏斗车、平车和小汽车双层运输车。RENFE 的绿色棚车有个非常有意思的地方就是使用了黄色的色彩，色带从侧墙的左上角笔直连接到右下角，倾斜的色彩在列车开行时形成绿－黄交错的连续视觉感受，节奏感强烈。

另外值得注意的是，包括铁路罐车这种专用性很强的车型在内，西班牙的铁路货车没有黑色涂装。西班牙 96％ 的人信奉天主教，黑色代表着与上帝隔绝的黑暗，象征着恶与死亡，因而，黑色在这个几乎全民信教的国家并不受青睐。

四、俄罗斯铁路货车的涂装色彩

1. 俄罗斯的铁路敞车

2. 俄罗斯的铁路棚车

3. 俄罗斯的铁路罐车

4. 俄罗斯的铁路平车

俄罗斯的铁路货车主要由乌拉尔车辆厂和阿尔泰车辆厂生产，并继承了大量苏联铁路货车。因苏联解体之前，俄罗斯只能生产棚车和敞车，不能生产平车、罐车和漏斗车，所以我们目前看到的俄罗斯铁路敞车和棚车都是延续苏联时期的风格以铁红色和军绿色为主，象征红色政权和军队的重要地位。苏联解体后，经过几年的努力，俄罗斯工业开始复苏，着手生产多种车型，特别是俄罗斯国产的铁路罐车，有明显的自身特点。俄罗斯的铁路罐车涂装形式不同于任何一个国家，其主要特点如下：

（1）罐体将用色区域划分为罐体两端、罐体色带、两端色环和罐体四个部分，通常为3种颜色，个别会用到4种色彩。色环统一为白色，罐体两端一般为军绿色。这两个部分的色彩相对固定，形成了很高的识别度。罐体的主色有黑色、铁红色、军绿色、黄色和白色，按货品性质划分，色带与罐体形成强烈对比，且尺度较宽。

（2）车辆的部分文字标记会用白色油漆涂打在罐体两端，这也是俄罗斯独有的标记位置。这样使罐体侧面的涂装更为简洁整体。

（3）俄罗斯绝大部分罐车底架使用的是军绿色。通过对比不同车种的基本结构我们不难发现，其实罐车的底架是各车种中最高的，在人视觉主要的颜色辨别界限（上30°～下40°）以内。绿色的底架与罐体两端的绿色相互呼应形成整体，使全车的色彩丰富而连续。

至今俄罗斯的铁路列车使用最多的色彩仍然是红色和绿色，红、绿色是俄罗斯人民特别喜爱的颜色，俄罗斯人认为各种颜色都具有其特有的象征意义。按照俄罗斯人的观念，红色象征美丽、吉祥和喜庆，因此把红色和自己喜欢的人或物联系起来，如"红场""红颜少女"等；绿色象征和平和希望。

俄语中，"红色"（красивый）一词起初并没有颜色的意义，而是"美丽"的意思，在神话故事中代指美丽的姑娘，到彼得大帝时期"красивый"才有了红色的含义。与此同时它常与"革命"联系在一起，象征着为自由而战。俄语中，"绿色"（зеленый）有个很重要的象征语义，就是"安全"，如"绿街"（зелёная улица）有安全、畅通无阻的道路之意，用在交通工具中十分恰当。

综上所述，俄罗斯的铁路货车用色主要与政治环境和历史文化有关系，在权力不断更替的过程中，色彩词汇的语义发生了不小的变化。这也反映出涂装设计时，时代性的重要。

五、德国铁路货车的涂装色彩

1. 德国的铁路敞车

2. 德国的铁路漏斗车

3. 德国的铁路棚车

4. 德国的铁路罐车

5. 德国的铁路罐车

德国的铁路货运由德国铁路股份公司（DB）的全资子公司德铁信可铁路（DB Schenker Rail）运营。DB 是欧洲最大的铁路运营商。德国铁路将其所有的国内及欧洲铁路货运业务捆绑于此，DB Schenker 共拥有 3587 台铁路机车及 109 000 辆铁路货车。除此以外还有 VTG Rail、Wascosa 等欧洲铁路租赁公司的铁路货车联合运输。但国有公司 DB Schenker 的铁路货车色彩识别度非常高，在德国的铁路线上，但凡为红色涂装的铁路货车，几乎都是 DB Schenker 或其子公司的货运车队。DB Schenker 近几年保持着一种高度系统化的涂装色彩方式，敞车、棚车、平车类通用性较强的车辆都使用这种纯度和明度都略高于铁红色的红色涂打。这样即使在欧洲其他国家运营时，也能被轻易区分。所有以上车型只会出现四种色彩：红色为主体色，白色为标记色，"DB"标志及文字标记都统一使用白色，黄色为警示色，所有手制动机转盘和车外绳栓颜色均为黄色，新造车脚蹬和把手为黄色，车辆底架为黑色。无论 DB Schenker 还是德国其他公司的铁路货车身上，我们都能看到这系统性的一面。如图 4-1 中，VTG 的铁路货车（右）与 DB Schenker 的铁路货车（左），除了车身的主体色不同外，使用的安全色和各类警示符号都高度一致，对比效果明显。

图 4-1 德国铁路货车色彩标记

德国的铁路涂装用色可能过于理性化，相较于美国和加拿大显得单一、缺乏色彩。但得到的是德国铁路整体形象的提升。德国人的严谨和踏实使得其每一件设计都像是在为百年大计打算，任何有碍功能的装饰都被去掉，实用的部分却毫不马虎。德国人强调科学性，善于从理性角度寻找设计解释的这种理念使得 DB Schenker 铁路货车井然有序的色彩系统，必定会在长时间内成为一种标志和经典。

第五章 铁路货车的色彩符号化

内容概要

借助语义研究的方法探索一套较为完整的铁路货车选色思路。首先，筛选能广泛描述我国铁路货车的词汇语义，选取了代表性样色。其次，使用 SD 法对色彩词汇进行评分配对，再用均值分析、因子分析、聚类分析等方法对色彩语义进行归纳和分析，得到铁路货车色彩 – 语义的配色空间。最后，介绍几种常用的涂装设计图式。

第一节 铁路货车的色彩符号化方法

根据皮尔斯逆向构建符号的理论："依据想要传达的意义选择适当的指涉对象，由指涉对象确定采用的符号媒介（详参第二章）"，即先确定铁路货车涂装要传达的意义，选择适当的色彩作为主体色，再调和环境、企业、法规等因素确立涂装。这其中涉及三个重要部分：

其一，要传达的意义是什么？人们用词汇来描述意义。铁路货车传达的意义必须是普遍理解、广泛认同的意义，而不是设计师自圆其说的意义。所以必须先确定形容铁路货车涂装的词汇范畴。

其二，色彩的选择，如何让色彩与这些词汇对应起来，即确定最能体现某个词汇的色彩是什么，我们可将其用作铁路货车的主色。

其三，色彩的调和，铁路货车涂装不是单一的色彩，必须符合行业标准规定，在此基础上充分考虑功能、环境、文化、审美的要素，结合期望传达的语义进行配色。

为确定铁路货车涂装色彩传达的意义，使用奥斯古德（Charles Egerton Osgood）提出的语义差异法（Semantic Difference，简称SD法）来研究和测量，通过对铁路货车常用色彩进行语义的评价得到二者的匹配关系（图5-1）。

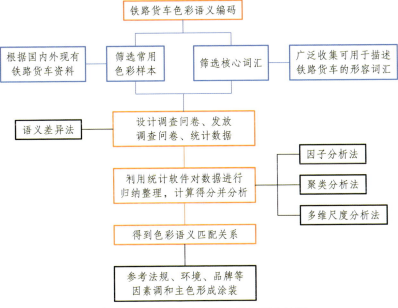

图5-1 铁路货车色彩语义认知研究流程

第二节 铁路货车色彩语义实验

铁路货车色彩语义实验主要包含四个方面：①铁路货车色彩意象相关的词汇筛选；②涂装色彩样本的选取；③问卷的制作和统计；④结果的分析。

一、铁路货车色彩代表语义萃取

（一）实验语义的收集

结合奥斯古德词汇筛选方法，为了更全面准确地测试铁路货车色彩的语义认知，根据"铁路货车""涂装""色彩"相关著作及文献广泛收集形容词汇，主要来源有小林重顺（日）的《色彩形象坐标》《配色印象手册》，伊达千代（日）

的《色彩设计的原理》，张荣宪、张萱的《设计色彩学》，李广元的《色彩艺术学》，徐伯初、李洋的《轨道交通车辆造型设计》，支锦亦的《铁路客车外观设计探讨》《铁路客车色彩研究》，王璞的《试论我国铁路货车涂装系统的构建》，杨艳琴的《基于知识的专用车色彩设计研究》，卢章平的《汽车车身色彩意象认知研究》，陈利洁的《产业机械的色彩特征与应用研究》，曾智琳的《基于色彩工学探究工程机械产品外观安全警示设计》等。共收集可用于描述铁路货车色彩的形容词421个，删减表达相近、语义不清的词汇，余下组成正反义形容词120对（附录一）。

（二）实验语义的筛选

进一步的语义筛选是为了获取铁路货车涂装设计方面最适合描述其涂装和发信人与收信人能准确交流信息的形容词对。整个涂装设计活动的主体包括制造者、设计师及大众三类角色。

本调研将收集到的国内外现有铁路货车的图片按车型归类，车型图片尽可能覆盖色相环上的主色调，部分车型因标准限制色彩单一，均以实车为准，作为图片参照样本帮助受测者明确铁路货车认知。将文献收集来的120对形容词调整成正向语义，形成问卷，由被测试者观看完图片参照样本后以主观方式选取20～25对认为适宜描述铁路货车色彩的形容词。

选词汇的测试者共40位，其中工业设计专业的14人，车辆工程专业的13人，普通群众13人。男性26人，女性14人。均为硕士研究生。测试者视觉正常，对铁路货车有清楚认识。选择这三组人员作为测试者的原因为：工业设计设计师对涂装的色彩设置更为熟悉，有较强的更新和创造意识，对涂装色彩的改观有指示作用；工程类设计师对铁路货车性能及用途了解深入，能代表制造者意见并避免筛选结果与目前铁路货车现状脱节或不符；普通群众可以平衡筛选结果更具代表性，用其筛选的词汇构成问卷，可使问卷效度更高。

因实验的调查样本较小，我们将对频数超过10次的某一词汇进行归类，认为该形容词对是描述铁路货车涂装的典型语义。测试者词频统计典型语义总量如表5-1所示。

表 5-1 词频统计典型语义总量

统计量		
总量		
N	有效	836
	缺失	0

典型语义总量				
	频率	百分比	有效百分比	累积百分比
缓慢—快速	25	3.0	3.0	3.0
危险—安全	24	2.9	2.9	5.9
剧烈—平和	21	2.5	2.5	8.4
脆弱—牢固	21	2.5	2.5	10.9
粗俗—优雅	20	2.4	2.4	13.3
民族—世界	19	2.3	2.3	15.6
自然—人工	18	2.2	2.2	17.7
肮脏—干净	17	2.0	2.0	19.7
易损—耐用	17	2.0	2.0	21.8
抗拒—吸引	17	2.0	2.0	23.8
柔弱—力量	17	2.0	2.0	25.8
严肃—活泼	16	1.9	1.9	27.8
朴素—华丽	16	1.9	1.9	29.7
晦涩—明快	16	1.9	1.9	31.6
轻便—稳重	14	1.7	1.7	33.3
传统—现代	14	1.7	1.7	34.9
消极—积极	14	1.7	1.7	36.6
低调—醒目	13	1.6	1.6	38.2
现实—浪漫	12	1.4	1.4	39.6
冷漠—亲切	12	1.4	1.4	41.0
复杂—简洁	10	1.2	1.2	42.2
单薄—厚实	10	1.2	1.2	43.4
柔软—坚硬	10	1.2	1.2	44.6
低级—高级	10	1.2	1.2	45.8

有效

根据对不同角色类别的词频统计分类，可以整理出和角色密切相关的典型词汇对比图，如图 5-2 所示。

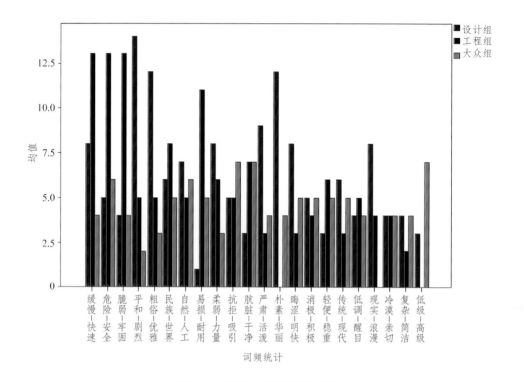

图 5-2 不同角色词频选择对比

由图 5-2 可以看出，工程组的测试者倾向于选择描述功能的形容词对，如"危险—安全""缓慢—快速"这类形容车辆特性和运载性能的词汇，所选词汇意义明确易懂，不易造成理解上的误差，有比较明显的语义偏好。设计组的测试者较倾向选择抽象的、情感表达类的形容词对，如"平和—剧烈""粗俗—优雅"等，且测试者选择的词汇广度丰富，对很多语义都有认同感。而大众组的测试者选词较为集中，倾向于明确的价值判断的形容词对，如"低级—高级""肮脏—干净"等。可见，大众组认同的语义相对前两组较为贫乏。三类测试者因个人经历的差异选择出来的词汇体现出评价事物的角度各异。通过完整统计，我们可以得到如图 5-3 所示的各组高频词汇交集。

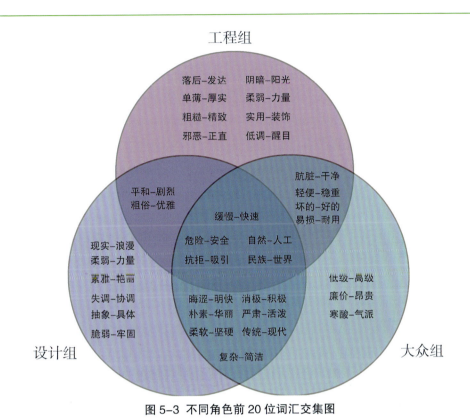

图5-3 不同角色前20位词汇交集图

本调研期望能通过问卷的方式获取不同角色在铁路货车色彩涂装设计中彼此信息交流的共同语义，所以词汇选取中的交集语义是我们应该重点关注的部分，这有助于设计活动的更好展开和不同领域知识的有效传播。符号的传递是通过发信人和收信人双方的努力共同达成的。

结合词汇选择的频率总量和不同组别选择的倾向，我们可以构建出适合铁路货车色彩传达的意义词库，为符号信息传达提供交流上的便利。通过对词汇对筛选结果的分析和调整，总结出20对描述铁路货车涂装色彩的典型词汇（表5-2）。

表5-2 色彩涂装典型词库

缓慢—快速	危险—安全	平和—剧烈	脆弱—牢固	粗俗—优雅
民族—世界	自然—人工	肮脏—干净	易损—耐用	抗拒—吸引
柔弱—力量	严肃—活泼	朴素—华丽	晦涩—明快	轻便—稳重
传统—现代	消极—积极	低调—醒目	现实—浪漫	冷漠—亲切

二、铁路货车色彩样本的筛选

色彩的种类可以说是无限多的，我国的《中国颜色体系标准样册》排列出了色调环中 40 个色调，不同纯度和明度的色彩样品 5139 个。铁路产品外观使用的国标《漆膜颜色标准样卡》中给出了 83 种工业外漆涂料色。结合第三章和第四章中出现的国内外铁路货车常用色彩，根据我国颜色体系和铁路行业标准，选取色调环上红色（R）、黄色（Y）、绿色（G）、蓝色（B）、紫色（P）五种主色和橙色（YR）、黄绿色（GY）、蓝绿色（GB）、蓝紫色（PB）以及白色、黑色、银色和中灰色（B=50% 中性色），共 13 种颜色（图 5-4）作为铁路货车色彩语义试验的样本。为准确反映色感，其中有彩色（chromatic colors）选取中明调（S=100%,B=75%）。

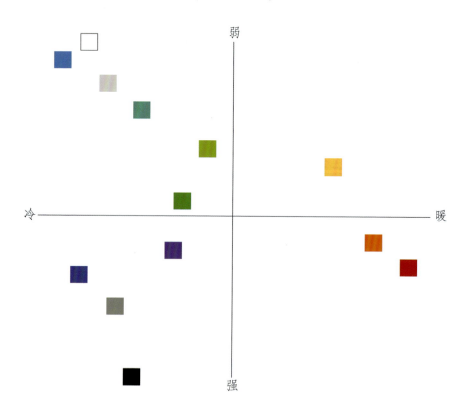

图 5-4 样本色彩冷暖 – 强弱坐标图

从图 5-4 中可以看出，13 种样本色彩覆盖了冷暖色系，在强弱坐标空间中也较为分散。图 5-4 作为最简单的印象坐标，可以直观地反映出样本覆盖的均匀性。

三、铁路货车色彩语义实验

将筛选出的 20 对形容词与 13 个色彩样本组合起来设计成 SD 法调查问卷（附录二）。调查目的是为了确立色彩与语义间的对应关系。问卷采用标准心理学 7 点量表，从左至右分别代表非常不同意、比较不同意、有点不同意、适中、有点同意、比较同意和非常同意的心理程度。得分区间为 [-3,3]，得分不代表好坏，亦无标准答案。得分越低表明人们对色彩的语义解读越靠近左侧的形容词，得分越高则表明人们对色彩的语义解读越靠近右侧的形容词。以"缓慢—快速"为例，-3 分为"非常缓慢"，-2 分为"比较缓慢"，-1 分为"有点缓慢"，0 分为"既不感到缓慢也感到不快速"，1 分为有点"快速"，2 分为"比较快速"，3 分为"非常快速"。

测试者年龄为 22 ~ 25 岁，男性 12 人，女性 8 人，共 20 人，均为研究生学历，对铁路货车和测试词汇有清楚认识，色觉正常。色彩样本全屏显示在 19 寸 16：9 液晶显示器上，测试者一面观看色彩一面在得分相应位置标记，每个色彩作答结束后以黑屏间隔 10 秒，以免造成补色等视觉效应干扰结果。

四、实验结果与分析

（一）均值分析

根据问卷回收数据，运用 SPSS 统计软件计算这 13 种色彩样本与 20 对铁路货车语义形容词的对照关系如表 5-3 和图 5-5 所示。

表 5-3　色彩样本与形容词对应均值

词汇均值 色彩	红色	橙色	黄色	黄绿色	绿色	蓝绿色	蓝色	蓝紫色	紫色	银色	中灰色	黑色	白色
危险—安全	-1.45	-0.30	-1.15	-0.95	1.20	0.85	1.10	-1.05	-0.90	-1.00	1.00	0.30	1.05
缓慢—快速	0.60	0.80	1.30	0.80	1.05	1.15	1.75	0.50	0.75	0.85	-0.25	-1.25	1.45
平和—剧烈	1.40	1.95	0.80	0.20	-1.75	0.75	-0.65	-1.05	1.30	1.20	-1.65	-1.65	-1.05
粗俗—优雅	-0.40	0.30	0.40	0.60	1.25	0.95	0.95	1.55	1.90	1.75	-1.20	0.05	1.10
民族—世界	-1.10	0.30	-0.40	1.05	1.10	1.00	1.25	1.20	1.30	1.70	0.95	0.65	1.05
抗拒—吸引	-0.70	0.05	-0.90	0.20	1.70	1.20	0.40	1.65	2.05	0.15	0.15	0.35	0.10
自然—人工	1.00	0.50	0.80	-1.75	-1.65	-0.90	1.20	1.25	-0.80	2.40	1.05	1.05	0.90
柔弱—力量	1.00	0.50	0.40	-1.75	-1.25	0.90	1.45	1.60	0.00	1.70	1.00	1.75	-1.00
易损—耐用	0.50	0.40	0.00	-0.55	-1.55	0.55	0.95	1.90	-0.80	-1.10	1.85	1.75	-1.75
朴素—华丽	1.15	0.90	1.10	1.00	-0.95	0.80	-0.70	1.45	1.75	0.85	-1.75	-0.65	-1.10
晦涩—明快	0.20	0.30	0.10	-0.40	0.45	1.10	1.65	0.40	0.90	-0.55	-1.25	-1.50	1.45
活泼—严肃	0.90	-1.75	-0.10	-1.25	-0.90	-1.25	1.10	0.75	-1.50	1.55	1.25	1.80	0.20
现实—浪漫	0.20	1.30	-0.40	1.10	-0.15	-0.35	0.25	-1.15	1.55	-1.45	-1.80	-0.75	-0.45
轻便—稳重	1.10	0.00	0.60	0.80	-0.95	-0.75	-1.55	1.85	1.00	-1.30	0.20	1.95	-0.85
消极—积极	1.40	0.90	1.20	1.10	0.85	1.05	-1.20	0.90	0.90	0.30	-1.85	-1.25	-0.10
脆弱—牢固	0.80	0.10	-0.70	-0.90	-1.25	-0.35	1.20	1.45	-0.05	-1.00	0.20	1.50	-1.50
低调—醒目	2.40	1.70	1.75	1.65	1.20	1.05	-0.75	-0.95	1.55	1.30	-2.30	-1.00	0.70
冷漠—亲切	0.70	0.90	-0.80	1.45	1.40	-0.70	-1.25	-1.20	-0.45	-1.85	-1.75	-1.60	-1.45
传统—现代	-1.40	0.80	0.50	1.25	0.80	1.35	1.65	1.15	1.30	2.05	1.20	1.05	1.10
肮脏—干净	0.70	0.70	-0.10	0.55	1.65	-0.20	1.25	-0.55	1.15	0.50	-1.65	-1.05	1.75

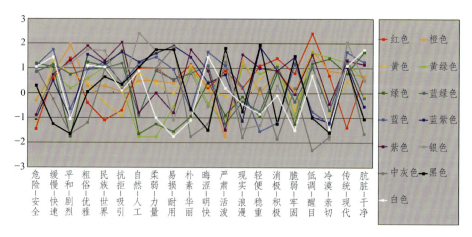

图 5-5　色彩样本与形容词对应均值折线图

　　表 5-3 和图 5-5 可以直观反映 13 种色彩样本与形容词汇的对应均值关系。表 5-3 中正值越大表明该色彩越偏向右侧的词汇语义，负值越小标明该色彩越偏向左侧的词汇语义，最大值与最小值分别用蓝色与橙色标识出。我

们设定色彩样本得分绝对值靠前的 3 个词对为这类色彩的典型语义词汇对，就可构建出每类色彩的典型语义倾向（表 5-4）。

表 5-4 色彩样本的典型语义倾向

色彩样本	典型语义形容词对	语义倾向
红色	危险—安全、消极—积极、传统—现代	危险、积极、传统
橙色	平和—剧烈、活泼—严肃、低调—醒目	剧烈、活泼、醒目
黄色	抗拒—吸引、危险—安全、低调—醒目	抗拒、危险、醒目
黄绿色	自然—人工、柔弱—力量、冷漠—亲切	自然、柔弱、亲切
绿色	平和—剧烈、自然—人工、肮脏—干净	平和、自然、干净
蓝绿色	活泼—严肃、传统—现代、抗拒—吸引	活泼、现代、吸引
蓝色	缓慢—快速、明快—晦涩、轻便—稳重	快速、明快、轻便
蓝紫色	易损—耐用、轻便—稳重、抗拒—吸引	耐用、稳重、吸引
紫色	粗俗—优雅、抗拒—吸引、朴素—华丽	优雅、吸引、华丽
银色	自然—人工、传统—现代、冷漠—亲切	人工、现代、冷漠
中灰色	低调—醒目、消极—积极、易损—耐用	低调、消极、耐用
黑色	轻便—稳重、活泼—严肃、柔弱—力量	稳重、严肃、力量
白色	肮脏—干净、易损—耐用、脆弱—牢固	干净、易损、脆弱

需要说明的是，即便色彩呈现出同样的语义倾向，它们的感受程度也是有差别的，如黄绿色和绿色都产生"自然"的语义，但黄绿色更为贴近大众对"自然"的认知含义。

（二）因子分析

因子分析中的主成分分析法是最为常见的数据降维方法，因子分析的基本目的就是用少数几个因子去描述许多指标或因素之间的联系，即将比较密切的几个相关变量归在同一类中，每一类变量就成为一个因子，以较少的几个因子反映原资料的大部分信息。就铁路货车的色彩选择而言，其传达的意义应是清晰准确的，我们筛选的 20 个词汇语义中，在设计时会难以取舍，虽然这种选色可以主观调控，但对 20 对语义词汇的降维可以为最后的施色提供参考。

表 5-5 色彩样本的典型语义倾向

成份	初始特征值			提取平方和载入			旋转平方和载入		
	合计	方差百分比	累积百分比	合计	方差百分比	累积百分比	合计	方差百分比	累积百分比
1	7.193	35.964	35.964	7.193	35.964	35.964	4.183	20.914	20.914
2	4.397	21.985	57.949	4.397	21.985	57.949	4.157	20.784	41.698
3	2.418	12.092	70.041	2.418	12.092	70.041	3.376	16.882	58.580
4	2.241	11.205	81.246	2.241	11.205	81.246	3.094	15.472	74.052
5	1.387	6.936	88.183	1.387	6.936	88.183	2.826	14.131	88.183
6	0.826	4.130	92.312						
7	0.606	3.028	95.340						
8	0.395	1.973	97.313						
9	0.292	1.461	98.774						
10	0.115	0.573	99.347						
11	0.095	0.473	99.820						
12	0.036	0.180	100.000						
13	5.227E-16	2.614E-15	100.000						
14	3.118E-16	1.559E-15	100.000						
15	1.837E-16	9.186E-16	100.000						
16	1.250E-16	6.249E-16	100.000						
17	7.071E-18	3.535E-17	100.000						
18	-5.474E-17	-2.737E-16	100.000						
19	-1.251E-16	-6.255E-16	100.000						
20	-2.382E-16	-1.191E-15	100.000						

通过统计软件对原变量进行处理，得到一系列方差贡献度大小不一的新变量，我们可以从中提取贡献度最大的若干因子为可以解释原变量变异信息的公因子。表5-4的数据中，左侧部分为未进行因子提取时主成分的特征值、方差贡献率和累计的方差贡献率；中间部分为提取5个公共因子后的方差贡献率和累计的方差贡献率，确定提取的5个因子依据是默认的提取标准，即特征值大于1的主成分可提取出来作为公共因子；右侧部分为旋转后因子的特征值、方差贡献率和累计的方差贡献率。在这些因子中，前5个因子解释了原变量变异信息总量的88.183%，高于可作为公因子建议的80%的贡献率，表明提取这5个公因子是合适的。

表 5-6 旋转后成分矩阵

	成分				
	1	2	3	4	5
危险安全	-0.906	0.060	0.261	0.155	-0.036
缓慢快速	0.161	0.095	0.857	0.046	-0.309
平和剧烈	0.818	0.034	0.251	-0.200	-0.086
粗俗优雅	0.377	0.058	0.418	0.748	-0.153
民族世界	-0.277	-0.084	0.050	0.915	-0.154
抗拒吸引	-0.073	0.407	0.057	0.795	0.254
自然人工	0.058	-0.932	0.011	-0.156	0.158
柔弱力量	0.115	-0.731	-0.094	0.014	0.589
易损耐用	-0.160	-0.265	-0.381	-0.142	0.807
朴素华丽	0.962	0.155	0.020	0.095	0.156
晦涩明快	0.056	0.206	0.924	0.148	0.081
活泼严肃	-0.273	-0.805	-0.228	-0.133	0.175
现实浪漫	0.357	0.707	0.336	-0.079	0.075
轻便稳重	0.327	0.188	-0.668	-0.146	0.481
消极积极	0.766	0.455	.0174	-0.082	-0.186
脆弱牢固	-0.015	-0.209	-0.159	-0.092	0.936
低调醒目	0.681	0.375	0.301	-0.267	-0.434
冷漠亲切	0.222	0.827	0.068	-0.299	-0.153
传统现代	-0.225	-0.233	0.022	0.837	-0.168
肮脏干净	0.116	0.337	0.747	0.044	-0.369

　　旋转成分矩阵，采用方差极大化方法让载荷大小进一步分化，使变量与因子的对应关系更加清晰，可以更容易地标识出各个因子所影响的主要变量，以便解释因子。载荷系数表示相互关系的紧密程度，负数表示反向关系。同一指标在各因素成分下，绝对值较大的，可归为此成分。

　　第一个因子包括危险安全、平和剧烈、朴素华丽、消极积极、低调醒目五个变量。主要是对色彩刺激度的概括，描述的是无需理解的直接体验和感受，可称为"活性"因子。

第二个因子包括自然人工、柔弱力量、活泼严肃、现实浪漫、冷漠亲切五个变量。主要是对色彩亲和力的感受，可称为"亲和"因子。

第三个因子包括缓慢快速、晦涩明快、轻便稳重、肮脏干净四个变量。主要是对铁路列车功能的描述，可称为"功能"因子。

第四个因子包括粗俗优雅、民族世界、抗拒吸引、传统现代五个变量。主要是对色彩风格及归属特征的描述，可称为"文化"因子。

第五个因子包括易损耐用、脆弱牢固两个变量。主要是对铁路货车质量的描述，可称为"质量"因子。

我们可根据降纬的结果总结出评价铁路货车色彩的五类主要因素，如表5-7所示。

表5-7 铁路货车色彩形容词对因子归类

活性因子	亲和因子	功能因子	文化因子	质量因子
危险—安全 平和—剧烈 朴素—华丽 消极—积极 低调—醒目	自然—人工 柔弱—力量 活泼—严肃 现实—浪漫 冷漠—亲切	缓慢—快速 晦涩—明快 轻便—稳重 肮脏—干净	粗俗—优雅 民族—世界 抗拒—吸引 传统—现代	易损—耐用 脆弱—牢固

从表5-7我们可以看出，经过因子分析得到的铁路货车色彩评价的主要因素与第四章总结的铁路货车色彩设计的主要因素有很高的契合度，支持和验证了前一章归纳的设计要点。

（三）聚类分析

聚类分析的主要原理是把相似的样本归为一类，而把差异大的样本区分开来。将语义得分均值进行聚类分析，从中可以得到集群情况，表明被试者对样本色彩语义感受的共同判别取向。

铁路货车色彩样本聚类的树状图如图5-6所示，最终将13种色彩分为两个大的集群，一类以鲜明有彩色和银、白色为主，另一类以沉闷有彩色和灰、黑色为主，这说明被试在对色彩样本进行语义评价的过程中，在相应样本上的语义具有一致性，即同一集群色彩样本体现的语义有相似性。第一类中的色彩（样本1、3、2、6、9、4、5、13、7、10）冷暖程度强烈，在体量上偏向轻便和快速，给人的情感刺激也较强烈，可用于非重载专用列车或快运列车。而第二类集群的色彩（样本 11、12、8）语义评价趋向于稳重严肃，可用于重载敞车，通用敞车及矿石车。

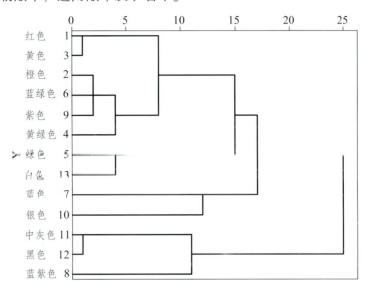

图 5-6 铁路货车色彩样本聚类树状图

（四）多维尺度分析

多维尺度分析是为了进一步整合色彩样本与语义的关联性，并获得可视化的色彩空间图谱，可以直观地观察色彩语义的相似程度和不相似程度。其图谱（图 5-7）中，坐标距离越近则色彩的语义越相似，距离越远则色彩的语义越不相似。

在 SPSS 软件中用多维尺度的方法对数据进行分析，检验 RSQ 效度值为 0.912 72。RSQ 值越接近 1 越理想，通常大于 0.6 证明数据可靠。在如图 5-7 的分析结果坐标中，色彩样本从左至右色调由深沉到鲜明变化，从上到下色彩从冷漠到亲切变化，证明色彩传达的语义随着色调的变化出现差异。坐标点之间距离最远的颜色差异最大，距离最近的最为相似。例如，黄绿色和中灰色的代表语义几乎呈反义，而黄绿色和紫色的语义最为接近。这说明在对铁路货车色彩进行选择时，出于对环境等其他因素的考量，可以在相似语义的色彩间进行替换。

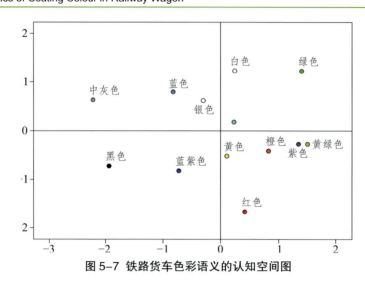

图 5-7 铁路货车色彩语义的认知空间图

（五）结果讨论

通过以上分析，我们可以归纳出铁路货车色彩趋向（表 5-8）的典型正面形容词汇和色彩的语义空间坐标。

表 5-8 铁路货车典型形容词色彩趋向

因子	典型趋向词汇	代表颜色
活性	安全	绿色、蓝色、白色
	平和	绿色、中灰色、黑色
	朴素	中灰色、白色、绿色
	华丽	紫色、蓝紫色、红色
	积极	红色、黄色、黄绿色
	醒目	红色、黄色、橙色
亲和	自然	黄绿色、绿色、蓝绿色
	人工	银色、蓝紫色、蓝色
	力量	黑色、银色、蓝紫色
	活泼	橙色、紫色、黄绿色
	严肃	黑色、银色、中灰色
	浪漫	紫色、橙色、黄绿色
	亲切	黄绿色、绿色、橙色
功能	快速	蓝色、白色、黄色
	轻便	蓝色、银色、绿色
	稳重	黑色、蓝紫色、红色
	干净	白色、绿色、蓝色
	明快	蓝色、白色、蓝绿色

续表

因子	典型趋向词汇	代表颜色
文化	优雅	紫色、银色、绿色
	民族	红色、黄色、橙色
	世界	银色、紫色、蓝色
	吸引	紫色、绿色、蓝紫色
	现代	银色、蓝色、蓝绿色
	传统	红色、黄色、橙色
质量	耐用	蓝紫色、中灰色、黑色
	牢固	黑色、蓝紫色、蓝色

由表 5-8 综合前文分析的结论可得到图 5-8 所示的铁路货车色彩语义空间坐标图，我们可以看出随着色彩冷暖－强弱的变化，其语义向着不同的因子倾斜。第一象限中的语义以亲和及文化因子为主，色彩多为暖色调弱色；第二、三象限中的语义以功能因子和质量因子为主，其色彩特点是呈鲜明的冷色调；第四象限中的语义以活性因子为主，色彩多为暖色调强色。

值得注意的是，不同色彩的语义表达还与色彩的明度和纯度有关，但无非是程度的加减，其主要语义的传达是由色相控制的。在对铁路货车施色时，可以适当调整其色彩属性，以增强效果，使语义体现更为明朗。

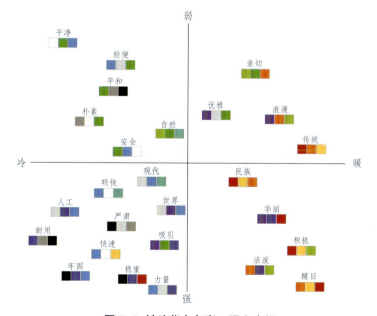

图 5-8　铁路货车色彩－语义空间

第三节 基于符号语义的铁路货车涂装构建

铁路货车的涂装，并不是单一的色彩选择。涂装作为符号传递中的"信文"，是由几类"信息"共同编码而成的。虽然色彩是其中起决定因素的信息，但根据这些"信息"的不同组合方式，"信文"传达的意义就会产生差别。

一、涂装色彩的组合方式

铁路货车的外观涂装是由不同的色彩、文字和图形构成的整体，我们将这些信息各自的大小形状比例称为它们的组合方式，将这些信息的色彩调配关系称为搭配方式。

铁路货车中的文字和图形是最为主要的信息，虽然它们是必须通过学习才能理解的符号，但其传递的准确性最高。我国铁路货车的文字和图形大小比例、涂打位置有较为详细的行业规定，在第三章中介绍了这些准则，设计时应符合相关要求。总的来看，全世界的铁路货车几乎都将车号、企业标志等重要信息放在观测者视觉的左上角，将小车号、检修标记等次要信息放在视觉的右侧中间或靠下的位置，这符合大众从左至右、从上至下的阅读习惯。

铁路货车中的色彩信息组合方式主要呈现三种模式：单一颜色、主色＋色块、主色＋色带（图5-9）。究竟采用何种色彩组合方式要根据对传达意义的设定做出选择。

图5-9 涂装色彩的组合方式举例

"单色"模式较适合传达单一意象的情境，如只需突显"牢固""稳重"等偏向质量或亲和因子的意象语义。

"主色 + 色块"的模式适合传达一些丰富的意义，如利用国家色彩、企业色彩组合成体现国家形象、企业形象等文化因子方面的语义。

"主色 + 色带"的模式比较适合传达"快速""醒目""危险"等功能和活性因子方面的语义。

二、涂装色彩的搭配方式

色彩的搭配是指不止一种色彩并置在一起时，产生的混合效果。这种效果可以是正面的也可以是负面的。铁路货车的色彩搭配要求辅色与主色本身和谐，与环境搭配协调。

色彩理论研究的发展为我们提供了色调环这样的定量化、理性化的表色体系。色调环上所有色彩的变化，或是色彩与色彩之间的差异，都以平均的方式配置。根据歇茹尔的色彩调配理论，我们可以总结出色彩彼此调和的规律。

图 5-10 提供了几种色彩间相互搭配的方式，我们可在色调环中先确定铁路货车的主色，再根据想表达的整体效果选择不同的配色方式。对角搭配是最为对比的调和，两种颜色为色相中差异最大的颜色，也就是补色的搭配。对角搭配可用于突出警示、指示等信息。三角搭配色相的对比度较高，识别性强，可用于突出品牌形象等信息。四角搭配的对比稍微薄弱一些，但也能带给人华丽、醒目的感受。五角搭配是相互呈现均衡的配色，若涂装色彩的面积分割比例差不多，可使用五角配色的方法使整体显得协调一致。

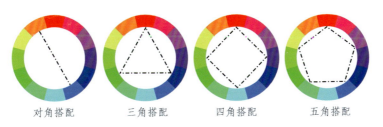

| 对角搭配 | 三角搭配 | 四角搭配 | 五角搭配 |

图 5-10 色彩搭配方法

当然，如果有彩色之间的搭配不能达到理想的效果，插入无彩色一般就能获得调和。如在黄橙间的鲜明色中插入黑白色会获得较佳的效果，在黑紫间沉闷色中插入白色会获得类似的调和。如图 5-11 所示的奥地利平车集装箱，蓝色和黄色直接并置会使对比过于强烈，在两色之间插入白色进行调和直接减弱了对比的突兀感，得到了较佳的搭配效果。

图 5-11 奥地利平车上的集装箱

在确定了铁路货车自身的色彩搭配以后，还要参考开行环境的影响因素对涂装进行调整，可对沿途风景图片进行马赛克处理后提取主要的环境色彩。根据环境色适当调整涂装色彩明度级别，使其与环境有明确的明度级差，以便容易清晰地辨识。通常采用较高明度使"图底"分离，形成环境中的点缀。

第六章 铁路货车色彩符号在涂装设计中的应用

内容概要

本章对我国目前主要运行的代表性铁路货车展开涂装色彩设计，不同车种所突显的符号意义是有本质差别的，其差异主要由车辆的运载功能所决定，设计师根据不同车辆的功能选取铁路货车色彩语义空间中的颜色进行调配，再用不同形状的色块或色带增强所要表达的语义，这是符号学指导下的可量化设计的优势。但需注意的是，铁路货车有混合编组和双向行驶的可能性，固不宜使用过于复杂的涂装方案，图形的使用也以简洁对称为佳。本章的设计应用研究有一定的探索性，部分方案做了些尝试性的设计。

设计应用案例以 70 t 级及以上新型铁路货车为研究对象，从符号学的观点出发，整合我国铁路货车色彩涂装的现状问题，充分考虑设计要素，以语义差分法为量化方法选取色彩设计我国铁路货车的涂装。

设计对象以我国运用最广泛的四种车型为例，选择了 $C80_B$ 型运煤专用敞车、P_{70} 型通用棚车、NX_{70} 型平车－集装箱共用车以及 GQ_{70} 型轻油罐车进行涂装方案的设计。

第一节 C_{80B} 型运煤专用敞车涂装设计

为适应大秦线开行 2 万 t 重载列车的运输要求，在 C_{76}、C_{80} 型运煤敞车研制成功的基础上，2005 年齐车集团研制了性能更为先进、使用更可靠、成本更低廉的 C_{80B} 型煤运敞车。C_{80B} 型敞车是我国大秦重载煤运专线的专用车，也是目前大秦线上数量最多的车辆，其他型号敞车也将陆续更换为 C_{80B} 型车。可以说 C_{80B} 是我国铁路货车重载化、专用化的代表（图 6–1）。

图 6-1 C_{80B} 型运煤专用敞车

一、敞车设计方案一

敞车设计方案一是以体现功能为主的设计，选用了黑色和蓝色作为基色，适当调整其色彩属性，使其相互调和。总体上体现稳重、耐用的符号语义，如图 6-2 ~ 图 6-6 所示。

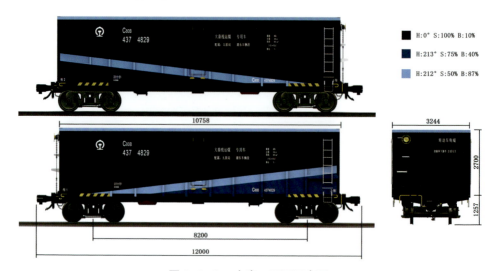

图 6-2 C_{80B} 方案一平面示意图

图 6-3 C₈₀B 方案 效果图

考虑到操作的安全性和方便性，所有需要操作员直接手动操作的部件，如提钩把手、手制动机转盘等，皆用安全色黄色涂打，此为一级警示。无需操作但与身体有接触的辅助部件，如扶梯、脚蹬等抓靠部位，皆用白色涂打，此为低一级的警示。

车辆底架四周用黄黑色警示带标识出车辆界限，端墙固定位置涂打"接触网下操作，注意安全"的字样。车辆两侧色块涂打一致，文字标记1、4号位一致，2、3号位一致。

图 6-4 C₈₀B 脚蹬、扶手及提钩把手

图 6-5 C_{80B} 球芯折角塞门把手及车钩

图 6-6 C_{80B} 方案一编组效果图

二、敞车设计方案二

敞车设计方案二是以表达情感归属为主的设计，选用了黑色和红色作为基色，适当调整其色彩属性，使其相互调和。总体上体现牢固、传统的符号语义。如图 6-7 ~ 图 6-11 所示。

图 6-7 C$_{80B}$ 方案二平面示意图

黑色和红色是我国敞车使用最多的颜色，作者将这两种色彩重新组合，适当增加了铁红色的明度，使其更为鲜亮，以迎合时代的需求。色块上做了一些斜向的分割，打破了老旧沉闷的印象。

图 6-8 C$_{80B}$ 方案二效果图

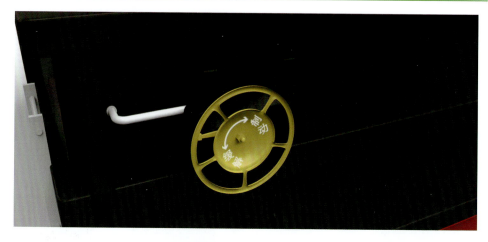

图 6-9 C_{80B} 手制动机

图 6-10 C_{80B} 下侧门

图 6-11 C_{80B} 方案二编组效果图

三、敞车设计方案三

敞车设计方案三是以传达企业品牌形象为主的设计，结合大秦铁路标志中的色彩，选用了蓝紫色和蓝色作为基色，适当调整其色彩属性，使其相互调和。总体上体现现代、力量的符号语义。如图 6-12~ 图 6-14 所示。

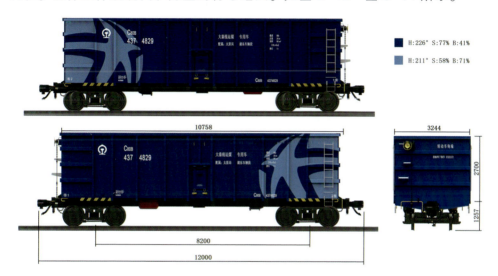

图 6-12 C_{80B} 方案三平面示意图

图 6-13 C_{80B} 方案三效果图

敞车方案三使用大秦铁路标志形状作为装饰色块，大面积使用企业标志是国外铁路货车常用的宣传手法。车体主色选用深蓝色，突出力量、现代的形象。装饰色块用低纯度的蓝色进行调和，整体涂装协调一致。装饰色块避开主要的信息区。

图 6-14 C_{80B} 方案三编组效果图

第二节 P₇₀型通用棚车涂装设计

P₇₀型通用棚车（图6-15）是2005年由齐车集团研制的70 t级新型通用棚车，用于装运各种怕受日晒、雨雪侵蚀的货物和箱装、袋装的货物，通用性强，商业运营速度可达120km/h。我们日常的快递业务主要通过棚车进行运输。

图 6-15 P₇₀型铁路棚车

一、棚车设计方案一

棚车设计方案一是以蓝色和黄色作为基色，适当调整其色彩属性，但黄色和蓝色对比过于强烈，中间插入白色进行调和后得到的效果较好。整体上体现现代、醒目的符号语义。如图 6-16～ 图 6-20 所示。

图 6-16 P$_{70}$ 方案一平面示意图

图 6-17 P$_{70}$ 方案一效果图

　　设计采用流线型的辅助色块进行搭配，有助于体现棚车的运动感。由于黄色纯度和明度较高，十分鲜亮，所以对主体色蓝色进行了明度和纯度的降低处理。

图 6-18　P$_{70}$ 扶梯、把手

图 6-19　P$_{70}$ 车门

图 6-20 P₇₀ 方案一编组效果图

二、棚车设计方案二

棚车设计方案二以绿色作为基色，适当调整其色彩属性，用流线型白色色带进行调和，中间插入间色黄绿色。整体上体现快速、安全的符号语义。如图 6-21~ 图 6-23 所示。

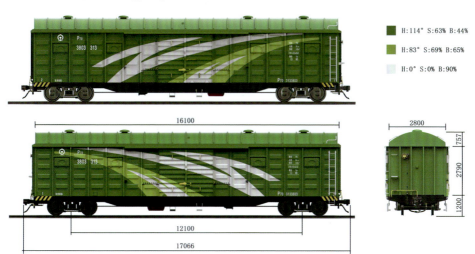

图 6-21 P₇₀ 方案二平面示意图

图 6-22 P$_{70}$ 方案二效果图

图 6-23 P$_{70}$ 方案二编组效果图

三、棚车设计方案三

棚车设计方案三以突出国家形象为目的，用色上选用了国旗中的红色和黄色作为基色，使用无彩色白色进行调和。整体上表达民族、传统的符号语义。如图 6-24~ 图 6-26 所示。

图 6-24 P$_{70}$ 方案三平面示意图

图 6-25 P$_{70}$ 方案三效果图

119

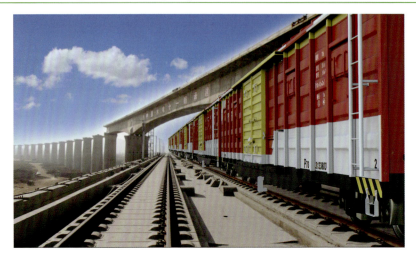

图 6-26 P_{70} 方案三编组效果图

第三节 NX_{70} 型平车–集装箱共用车涂装设计

　　快捷运输是我国铁路货车的发展方向，日本的铁路货运几乎全是门对门集装箱运输服务。NX_{70} 平车－集装箱共用车是为满足重载运输能力、提高便捷运输效率，由北京二七车辆厂于 2005 年研制成功的新型车。该车商业运营速度可达 120km/h。该车具有装载多种货物的功能，包括国际标准集装箱及 45 英尺（1 英尺 =0.3048 米）、48 英尺、50 英尺国际非标箱，还可运输钢材、拖拉机、坦克、汽车等货品。

图 6-27 NX_{70} 平车 – 集装箱共用车

一、平车设计方案一

平车设计方案一是以橙色作为基色，适当调整其色彩属性，突出积极、活泼的色彩语义，车辆两端加以蓝白相间条纹，使其在运行时更为醒目。如图 6-28~ 图 6-29 所示。

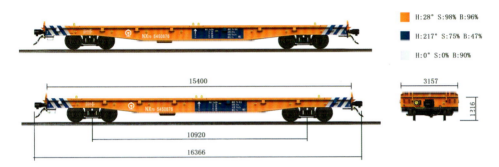

图 6-28 NX$_{70}$ 方案一平面示意图

图 6-29 NX$_{70}$ 方案一效果图

由于平车车体较低，在人的视平线以下，故施色时适当增加色彩的纯度和明度有助于车辆识别，在车体主要的文字标记位置采用对比色作底色，突显车辆信息。

二、平车设计方案二

平车设计方案二是以中灰色作为主色，辅以红、黄、白三色贯通式色带，形成强烈的色差，突显快速、醒目的符号语义。中灰色显得沉稳平和，使用高纯度有彩色调和使其不显沉闷。如图6-30~图6-32所示。

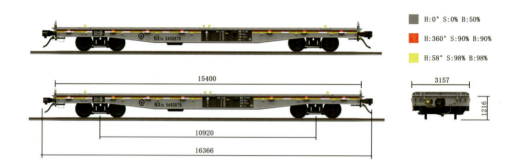

图6-30 NX$_{70}$方案二平面示意图

图6-31 NX$_{70}$方案二效果图

图 6–32 NX$_{70}$ 方案二编组效果图

三、平车设计方案三

平车设计方案三是以黄绿色作为基色，适当调整其色彩属性，突出自然、亲切的色彩语义。车辆两端用对比强烈的白色斜向色带装饰，提高整车识别度。如图 6–33~ 图 6–37 所示。

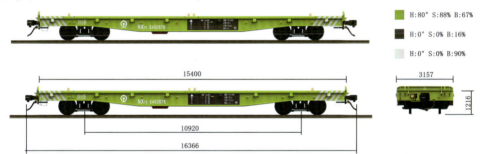

H:80° S:88% B:67%

H:0° S:0% B:16%

H:0° S:0% B:90%

图 6–33 NX$_{70}$ 方案三平面示意图

图 6–34 NX$_{70}$ 方案三效果图

123

图 6-35　NX_{70} 底架

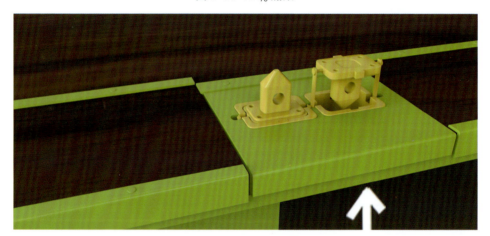

图 6-36　NX_{70} 集装箱锁

图 6-37　NX_{70} 方案三编组效果图

第四节 GQ₇₀型轻油罐车涂装设计

GQ₇₀型轻油罐车（图6-38）是我国运用的主要轻油罐车，于2004年年初由西安车辆厂开始研制开发。该车专用性较强，主要用于装运汽油、煤油、柴油等化工介质。车辆载重70 t，运营速度120km/h。

图6-38 GQ₇₀型轻油罐车

一、罐车设计方案一

因罐车的涂装有严格的标准要求，轻油罐车车体规定为银粉色涂打贯通式300mm宽红色色带，并标明货物名车涂打危险货物包装标志。作者在参考行业标准的前提下提出了一些设想。设计主要围绕如果提高罐车安全性。如图6-39~图6-40所示。

图 6-39 GQ$_{70}$ 方案一平面示意图

图 6-40 GQ$_{70}$ 方案一效果图

轻油罐车设计方案一较为严格地执行了涂打的相关标准，在红色色带上做了一些斜向的镂空，露出银粉漆底色形成警示对比。车辆底架两端用黑黄色带标识出车辆界限，使整车的安全性有所提高。如图 6-41~ 图 6-42 所示。

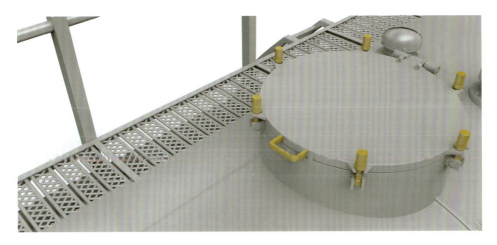

图 6-41 GQ$_{70}$ 罐车人孔

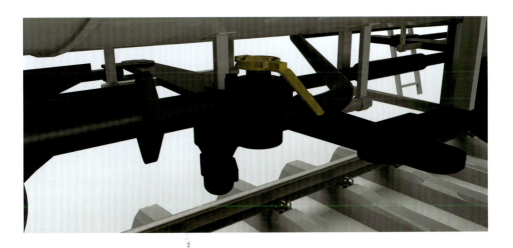

图 6-42 GQ$_{70}$ 球芯截断塞门和集尘器联合体

二、罐车设计方案二

轻油罐车设计方案二在色彩的组合上面尝试了一些适度的探索，对罐车罐体的两端做了色彩的处理。并使用黑色环形色带进行调和，黑红相间显示出强烈的对比感，警示性得到了提升。如图6-43~图6-46所示。

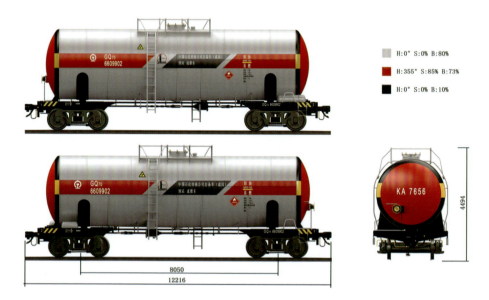

图 6-43 GQ70 方案二平面示意图

图 6-44 GQ70 方案二效果图

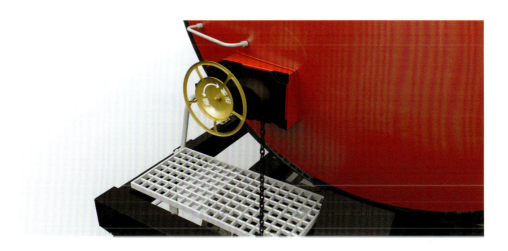

图 6-45 GQ$_{70}$ 手制动机

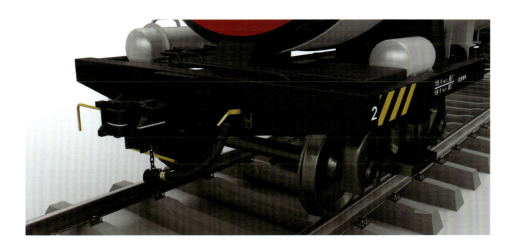

图 6-46 GQ$_{70}$ 车辆 2 位端

三、罐车设计方案三

轻油罐车设计方案三增大了红色运用的面积，目的在于突出货物本身的属性。主要的信息区域用黑色色块作为背景，增强对比，便于识读。如图6-47~图 6-48 所示。

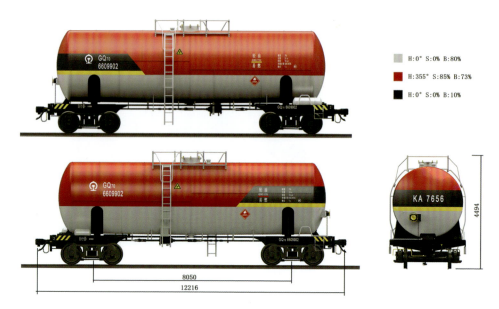

H:0° S:0% B:80%
H:355° S:85% B:73%
H:0° S:0% B:10%

图 6-47 GQ$_{70}$ 方案三平面示意图

图 6-48 GQ$_{70}$ 方案三效果图

附录一：形容词甄选问卷

铁路货车色彩语义形容词甄选问卷

专业方向_____ 性别_____ 被测编号_____

您好！

目前正在进行有关铁路货车涂装色彩语义认知的研究，本实验仅供学术研究之用，绝不对外公开，请您根据所观看的样本图片，以主观感觉的方式挑选出您认为较适宜形容铁路货车色彩的 20～25 个形容词，并在其后打"√"。

（1）稳重——轻浮	（42）粗糙——光滑	（83）忧郁——开朗
（2）严谨——松散	（43）寒冷——温暖	（84）阳光——阴暗
（3）粗鲁——斯文	（44）明快——晦涩	（85）理想——现实
（4）杂乱——整齐	（45）浓郁——清淡	（86）紧张——放松
（5）富余——残缺	（46）纯洁——肮脏	（87）进取——落后
（6）发达——落后	（47）美丽——丑陋	（88）朦胧——清晰
（7）协调——失调	（48）含糊——确切	（89）鲜活——死板
（8）好的——坏的	（49）积极——消极	（90）强烈——平淡
（9）复杂——简洁	（50）浪漫——现实	（91）人工——自然
（10）剧烈——平和	（51）乐观——悲观	（92）节奏——紊乱
（11）流畅——紊乱	（52）理性——感性	（93）冲动——冷静
（12）严肃——活泼	（53）兴奋——平静	（94）缓慢——迅捷
（13）单薄——厚实	（54）舒适——不适	（95）正统——随意
（14）和平——暴力	（55）愉悦——不快	（96）豪放——内敛
（15）从容——仓促	（56）秩序——散漫	（97）醒目——低调
（16）高明——肤浅	（57）实用——装饰	（98）老成——年轻
（17）光明——黑暗	（58）时尚——过时	（99）传统——时尚
（18）远大——短浅	（59）亲切——冷漠	（100）单一——丰富
（19）危险——安全	（60）东方——西方	（101）大众——个性
（20）具体——抽象	（61）节制——纵容	（102）锋利——圆润
（21）快速——平缓	（62）创新——保守	（103）经典——流行
（22）现代——守旧	（63）男性——女性	（104）苦涩——甜美
（23）成熟——幼稚	（64）张扬——含蓄	（105）静态——动感
（24）华丽——朴素	（65）考究——马虎	（106）喜欢——讨厌
（25）柔软——坚硬	（66）专业——普通	（107）力量——柔弱
（26）开阔——狭窄	（67）自由——束缚	（108）直线——流线
（27）高大——小巧	（68）高贵——平庸	（109）刺激——柔和
（28）高档——抵挡	（69）国际——本土	（110）乏味——新奇
（29）精美——低劣	（70）饱满——单薄	（111）民族——世界
（30）艳丽——素雅	（71）神秘——明朗	（112）充实——空洞
（31）奢侈——简朴	（72）沉闷——畅快	（113）慌乱——镇定
（32）笨拙——灵活	（73）都市——田园	（114）别致——寻常
（33）牢固——薄弱	（74）进步——落后	（115）端正——歪斜
（34）开放——保守	（75）机械——人性	（116）混乱——有序
（35）气派——寒酸	（76）耐用——脆弱	（117）昂贵——廉价
（36）健康——病态	（77）神圣——亵渎	（118）粗壮——纤细
（37）科技——原始	（78）严肃——轻率	（119）庄重——轻佻
（38）狂野——温顺	（79）轻快——笨重	（120）优雅——媚俗
（39）可口——恶心	（80）生机——死气	
（40）肮脏——干净	（81）结实——柔弱	
（41）前进——后退	（82）膨胀——收缩	

附录二：铁路货车色彩语义问卷

铁路货车常用色彩语义评价问卷

性别_____ 年龄_____ 被测编号_____

您好！

我是西南交通大学工业设计专业的学生。目前正在进行有关铁路货车涂装色彩语义认知的研究。本问卷是为了了解铁路货车车身色彩与语义认知的匹配关系。问卷没有"标准答案"，只需以主观感觉的方式勾选出您心中的答案即可。本实验仅做学术研究之用，绝不对外公开，感谢您的参与！

西南交通大学工业设计

研究生

填写说明： 请仅根据铁路货车样本呈现的色彩，以主观方式对每一个颜色进行语义评价。越靠左的方框代表语义越接近左边的形容词，越靠右的方框代表语义越接近右边的形容词，请您在认为符合您态度的方框内打"√"。

例如：危险 □ □ □ □ □ √ □ 安全

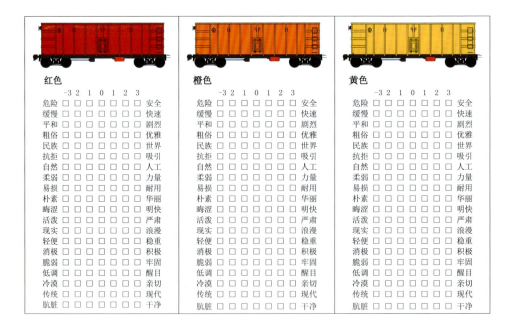

黄绿色
	-3	2	1	0	1	2	3	
危险	□	□	□	□	□	□	□	安全
缓慢	□	□	□	□	□	□	□	快速
平和	□	□	□	□	□	□	□	剧烈
粗俗	□	□	□	□	□	□	□	优雅
民族	□	□	□	□	□	□	□	世界
抗拒	□	□	□	□	□	□	□	吸引
自然	□	□	□	□	□	□	□	人工
柔弱	□	□	□	□	□	□	□	力量
易损	□	□	□	□	□	□	□	耐用
朴素	□	□	□	□	□	□	□	华丽
晦涩	□	□	□	□	□	□	□	明快
活泼	□	□	□	□	□	□	□	严肃
现实	□	□	□	□	□	□	□	浪漫
轻便	□	□	□	□	□	□	□	稳重
消极	□	□	□	□	□	□	□	积极
脆弱	□	□	□	□	□	□	□	牢固
低调	□	□	□	□	□	□	□	醒目
冷漠	□	□	□	□	□	□	□	亲切
传统	□	□	□	□	□	□	□	现代
肮脏	□	□	□	□	□	□	□	干净

绿色
	-3	2	1	0	1	2	3	
危险	□	□	□	□	□	□	□	安全
缓慢	□	□	□	□	□	□	□	快速
平和	□	□	□	□	□	□	□	剧烈
粗俗	□	□	□	□	□	□	□	优雅
民族	□	□	□	□	□	□	□	世界
抗拒	□	□	□	□	□	□	□	吸引
自然	□	□	□	□	□	□	□	人工
柔弱	□	□	□	□	□	□	□	力量
易损	□	□	□	□	□	□	□	耐用
朴素	□	□	□	□	□	□	□	华丽
晦涩	□	□	□	□	□	□	□	明快
活泼	□	□	□	□	□	□	□	严肃
现实	□	□	□	□	□	□	□	浪漫
轻便	□	□	□	□	□	□	□	稳重
消极	□	□	□	□	□	□	□	积极
脆弱	□	□	□	□	□	□	□	牢固
低调	□	□	□	□	□	□	□	醒目
冷漠	□	□	□	□	□	□	□	亲切
传统	□	□	□	□	□	□	□	现代
肮脏	□	□	□	□	□	□	□	干净

蓝绿色
	-3	2	1	0	1	2	3	
危险	□	□	□	□	□	□	□	安全
缓慢	□	□	□	□	□	□	□	快速
平和	□	□	□	□	□	□	□	剧烈
粗俗	□	□	□	□	□	□	□	优雅
民族	□	□	□	□	□	□	□	世界
抗拒	□	□	□	□	□	□	□	吸引
自然	□	□	□	□	□	□	□	人工
柔弱	□	□	□	□	□	□	□	力量
易损	□	□	□	□	□	□	□	耐用
朴素	□	□	□	□	□	□	□	华丽
晦涩	□	□	□	□	□	□	□	明快
活泼	□	□	□	□	□	□	□	严肃
现实	□	□	□	□	□	□	□	浪漫
轻便	□	□	□	□	□	□	□	稳重
消极	□	□	□	□	□	□	□	积极
脆弱	□	□	□	□	□	□	□	牢固
低调	□	□	□	□	□	□	□	醒目
冷漠	□	□	□	□	□	□	□	亲切
传统	□	□	□	□	□	□	□	现代
肮脏	□	□	□	□	□	□	□	干净

蓝色
	-3	2	1	0	1	2	3	
危险	□	□	□	□	□	□	□	安全
缓慢	□	□	□	□	□	□	□	快速
平和	□	□	□	□	□	□	□	剧烈
粗俗	□	□	□	□	□	□	□	优雅
民族	□	□	□	□	□	□	□	世界
抗拒	□	□	□	□	□	□	□	吸引
自然	□	□	□	□	□	□	□	人工
柔弱	□	□	□	□	□	□	□	力量
易损	□	□	□	□	□	□	□	耐用
朴素	□	□	□	□	□	□	□	华丽
晦涩	□	□	□	□	□	□	□	明快
活泼	□	□	□	□	□	□	□	严肃
现实	□	□	□	□	□	□	□	浪漫
轻便	□	□	□	□	□	□	□	稳重
消极	□	□	□	□	□	□	□	积极
脆弱	□	□	□	□	□	□	□	牢固
低调	□	□	□	□	□	□	□	醒目
冷漠	□	□	□	□	□	□	□	亲切
传统	□	□	□	□	□	□	□	现代
肮脏	□	□	□	□	□	□	□	干净

蓝紫色
	-3	2	1	0	1	2	3	
危险	□	□	□	□	□	□	□	安全
缓慢	□	□	□	□	□	□	□	快速
平和	□	□	□	□	□	□	□	剧烈
粗俗	□	□	□	□	□	□	□	优雅
民族	□	□	□	□	□	□	□	世界
抗拒	□	□	□	□	□	□	□	吸引
自然	□	□	□	□	□	□	□	人工
柔弱	□	□	□	□	□	□	□	力量
易损	□	□	□	□	□	□	□	耐用
朴素	□	□	□	□	□	□	□	华丽
晦涩	□	□	□	□	□	□	□	明快
活泼	□	□	□	□	□	□	□	严肃
现实	□	□	□	□	□	□	□	浪漫
轻便	□	□	□	□	□	□	□	稳重
消极	□	□	□	□	□	□	□	积极
脆弱	□	□	□	□	□	□	□	牢固
低调	□	□	□	□	□	□	□	醒目
冷漠	□	□	□	□	□	□	□	亲切
传统	□	□	□	□	□	□	□	现代
肮脏	□	□	□	□	□	□	□	干净

紫色
	-3	2	1	0	1	2	3	
危险	□	□	□	□	□	□	□	安全
缓慢	□	□	□	□	□	□	□	快速
平和	□	□	□	□	□	□	□	剧烈
粗俗	□	□	□	□	□	□	□	优雅
民族	□	□	□	□	□	□	□	世界
抗拒	□	□	□	□	□	□	□	吸引
自然	□	□	□	□	□	□	□	人工
柔弱	□	□	□	□	□	□	□	力量
易损	□	□	□	□	□	□	□	耐用
朴素	□	□	□	□	□	□	□	华丽
晦涩	□	□	□	□	□	□	□	明快
活泼	□	□	□	□	□	□	□	严肃
现实	□	□	□	□	□	□	□	浪漫
轻便	□	□	□	□	□	□	□	稳重
消极	□	□	□	□	□	□	□	积极
脆弱	□	□	□	□	□	□	□	牢固
低调	□	□	□	□	□	□	□	醒目
冷漠	□	□	□	□	□	□	□	亲切
传统	□	□	□	□	□	□	□	现代
肮脏	□	□	□	□	□	□	□	干净

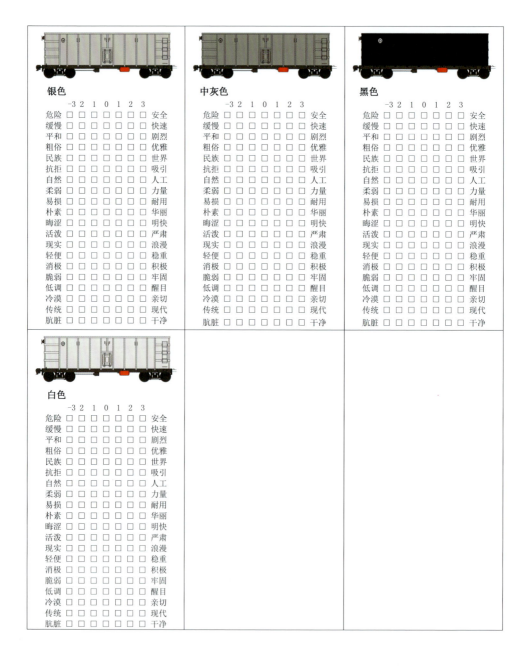

银色

-3 2 1 0 1 2 3

	危险	安全
缓慢	快速
平和	剧烈
粗俗	优雅
民族	世界
抗拒	吸引
自然	人工
柔弱	力量
易损	耐用
朴素	华丽
晦涩	明快
活泼	严肃
现实	浪漫
轻便	稳重
消极	积极
脆弱	牢固
低调	醒目
冷漠	亲切
传统	现代
肮脏	干净

中灰色

-3 2 1 0 1 2 3

危险 安全 / 缓慢 快速 / 平和 剧烈 / 粗俗 优雅 / 民族 世界 / 抗拒 吸引 / 自然 人工 / 柔弱 力量 / 易损 耐用 / 朴素 华丽 / 晦涩 明快 / 活泼 严肃 / 现实 浪漫 / 轻便 稳重 / 消极 积极 / 脆弱 牢固 / 低调 醒目 / 冷漠 亲切 / 传统 现代 / 肮脏 干净

黑色

-3 2 1 0 1 2 3

危险 安全 / 缓慢 快速 / 平和 剧烈 / 粗俗 优雅 / 民族 世界 / 抗拒 吸引 / 自然 人工 / 柔弱 力量 / 易损 耐用 / 朴素 华丽 / 晦涩 明快 / 活泼 严肃 / 现实 浪漫 / 轻便 稳重 / 消极 积极 / 脆弱 牢固 / 低调 醒目 / 冷漠 亲切 / 传统 现代 / 肮脏 干净

白色

-3 2 1 0 1 2 3

危险 安全 / 缓慢 快速 / 平和 剧烈 / 粗俗 优雅 / 民族 世界 / 抗拒 吸引 / 自然 人工 / 柔弱 力量 / 易损 耐用 / 朴素 华丽 / 晦涩 明快 / 活泼 严肃 / 现实 浪漫 / 轻便 稳重 / 消极 积极 / 脆弱 牢固 / 低调 醒目 / 冷漠 亲切 / 传统 现代 / 肮脏 干净

参考文献

[1] 赵毅衡 . 符号学 [M]. 南京：南京大学出版社，2012.

[2] 余明贵，陈雷 . 铁路货车运用与维修管理 [M]. 北京：中国铁道出版社，2010.

[3] 杨雄京 . 世界铁路货车市场综述 [J]. 铁道车辆，2010，48(9)：13-21.

[4] 周磊，陈雷 . 铁路货车主要结构与使用 [M]. 北京：中国铁道出版社，2011.

[5] 张进德 . 我国铁路货车近期发展趋向商榷 [J]. 铁道车辆，2001，39(5)：15-19.

[6] 张宪荣 . 张萱 . 设计色彩学 [M]. 北京：北京化学工业出版社，2003.

[7] 张凌浩 . 符号学产品设计方法 [M]. 北京：中国建筑工业出版社，2011.

[8] 徐恒醇 . 设计符号学 [M]. 北京：清华大学出版社，2008.

[9] 胡飞 . 杨瑞 . 设计符号与产品语义 [M]. 北京：中国建筑工业出版社，2012.

[10] 丁玉兰 . 人机工程学 [M]. 4 版 . 北京：北京理工大学出版社，2011.

[11] 王璞 . 试论我国铁路货车色彩涂装系统的构建 [D]. 成都：西南交通大学，2012.

[12] 支锦亦 . 铁路客车外观设计探讨 [J]. 中国铁路，2007(3)：66-99.

[13] 铁道部赴加拿大考察代表团 . 加拿大铁路运输的启示 [J]. 中国铁路，2006(11)：55-59.

[14] 邢澍 . 俄罗斯和乌克兰的货车制造和制造厂 [J]. 国外铁道车辆，2002，39(6)：36-39.

[15] 向泽锐，徐伯初，支锦亦 . 中国高速列车工业设计研究综述与展望 [J]. 铁道学报，2013, 35(12)：9-18.

[16] WANG LUJIN, GIESEN JOACHIM, MCDONNELL KEVIN T, et al. Color design for illustrative visualization[J]. IEEE Transactions on Visualization and Computer Graphics, 2008,14(6): 1739-46.

[17] 雷青平, 齐兵, 章薇. GB/T28791-2012铁道车辆标志的制定与实施 [J]. 铁道技术监督, 2013, 41(8): 6-9.

[18] 张凌浩. 产品色彩设计的整合性思考 [J]. 包装工程, 2005, 26(6): 163-165.

[19] 赵建国. 产品设计的情境构建及语义生成 [D]. 长沙: 湖南大学, 2009.

[20] 刘文亮, 田葆栓. 从快捷重载和专用化探讨我国铁路货运装备的发展[J], 铁道车辆, 2007,45(8): 23-26.

[21] 邢澍. 俄罗斯及前苏联铁路货车综述 [J]. 国外铁道车辆, 2007, 44(3): 1-6.

[22] 葛立美. 国产铁路货车 [M]. 北京: 中国铁道出版社, 1996.

[23] 陈雷, 张志建. 70t级铁路货车及新型零部件 [M]. 北京: 中国铁道出版社, 2010.

[24] 支锦亦. 铁路客车色彩设计 [D]. 成都: 西南交通大学, 2006.

[25] 李科平. 高速列车形象设计中的人性化探讨 [J]. 铁道车辆, 2005, 46(6): 25-26.

[26] 杨艳琴. 基于知识的专用车色彩设计研究 [J]. 现代制造工程, 2013(10): 34-38.

[27] 杨松柏. 铁路货车用涂料的发展沿革 [J]. 中国铁路, 2008(6): 43-47.

[28] 支锦亦. 基于视觉感知特性的列车车内色彩环境舒适性研究 [D]. 成都: 西南交通大学, 2012.

[29] 朱毅. 汽车造型语义研究与设计流程构建 [D]. 长沙: 湖南大学, 2009.

[30] 卢章平, 顾青青, 李明珠, 等. 汽车车身色彩意象认知研究 [J]. 包装工程, 2014, 35(20): 20-24.

[31] SHIH WEN. CHING HAICHEN. A semantic and shape grammar based approach for product design[J]. Design Studies, 1997,18(3): 275-296.

[32] 张宪荣，季华妹，张萱．设计部分符号学 [M]. 北京：北京理工大学出版社，2014.

[33] [日] 小林重顺．配色印象手册 [M]. 日本色彩设计研究所，2010.

[34] 国家标准．GB 6944–2005. 危险货物分类和品名编号 [S].

[35] 国家标准．GB 2893–2008. 安全色 [S].

[36] 中华人民共和国铁道部．铁路危险货物运输管理规则 [S]. 铁运〔2008〕174 号，2008.

[37] 铁道行业标准．TB/T 1.1–1995. 铁道车辆标记一般规则 [S].

[38] 国家标准．GB/T 15608–2006. 中国颜色体系 [S].

[39] 铁道行业标准．TB/T 1838–87. 铁道车辆用路徽标记 [S]

[40] 铁道行业标准．TB/T 1.2–1995. 铁道车辆标记文字与字体 [S].

后 记

铁路货车涂装色彩是车辆外观的重要组成部分，其色彩设计的好坏直接影响操作员的识别和使用。优秀的设计不仅对提升整车的安全性有帮助，还能带给人们美好的审美感受。德国、美国等国家的铁路货车不仅在技术上较为成熟，在外观色彩设计上也十分领先，无论是对企业品牌的彰显还是对民族性格的表达都恰到好处。可见，对铁路货车涂装用色的研究是十分必要和迫切的。

符号学是可用于分析普遍事物的一门学科。本书围绕提升我国铁路货车涂装整体设计水平展开研究，一方面用符号学的分析方法总结我国铁路货车涂装存在的设计问题，提出设计要点；另一方面用符号语义的构建方法提出铁路货车涂装设计的一般流程和思路。本书主要完成了以下工作：

（1）将符号学引入轨道交通工具设计这门学科中，将涂装中的色彩看作"符号"来研究，将涂装整体看作"信文"。将"符号"编码成"信文"的整个过程就是涂装的设计过程，并解释了铁路货车色彩符号表里层次的意义。

（2）对我国铁路货车的涂装规则进行了梳理，分文字标记、图形标记和色彩标记三个方面总结了涂装设计的限制点和非限制点。其结论可作为铁路货车涂装设计的法则参照。

（3）通过对中华人民共和国成立以来我国主要铁路货车车型色标的提取，归纳出我国铁路货车涂装的常用色，对用色的演变规律做了总结。分析了现有铁路货车涂装设计中存在的问题，提出了铁路货车涂装设计需注意功能、环境、文化、审美等设计要点。

（4）探索铁路货车色彩语义研究流程。通过语义分析的方法构建了适用于我国铁路货车的配色语义空间，为涂装的选色和搭配提供理论依据，并尝试提出几种主要车型的涂装设计方案。

　　铁路货车涂装效果的好坏取决于对多种因素的综合考量，铁路货车首先是一种实用工具，其功能性和安全性的色彩是第一位的，不能为了审美效果而妥协，任何其他的用色和图式都必须紧紧围绕其功能语义展开。要在功能限制的范围内，探寻非限制的可能性。

　　由于客观条件的限制，书中对一些问题的研究还不够深入，如在语义试验的设置上做了一些简化，比较理想的方法可以将每类车型的主要色调选取为色彩样本，也可对单独车型进行词汇筛选，这样可得出更为精确的语义——色彩匹配结果，甚至可以使用眼动测试评价每类车型的视觉中心区域，对文字和图形标记的位置及大小进行优化。这些方法都能为铁路货车涂装的设计者提供帮助，希望本书的研究思路与成果能对我国铁路货车涂装色彩的改观有促进作用并对设计实践具有参考意义。